# ESTOICISMO
## PARA MUJERES
## MODERNAS

**Guía Práctica Para Enfrentar Pérdidas, Superar Miedos, Reconocer El Amor Verdadero, Gestionar Tus Emociones, Reinventarte Y Asumir El Cambio Con Sabiduría Estoica**

## Atalian Estoica
## www.EstoicismoYa.com

Edición original en español:
**Estoicismo Para Mujeres Modernas**

Primera edición enero de 2024

# Contenido

## www.EstoicismoYa.com

# 64 Ejercicios de Estoicismo para Mujeres Modernas

Preparado por Natalia Martínez y Juan David Arbeláez, esta es una guía que reinterpreta la antigua filosofía del estoicismo para empoderar a las mujeres del siglo XXI. Este libro de trabajo desafía la perspectiva tradicional de que el estoicismo es un dominio exclusivo de los hombres, proponiendo que los principios de autodisciplina, resistencia y control emocional son igualmente valiosos y accesibles para todas.

## Dedicatoria

Para todas las mujeres que transitan los senderos del tiempo moderno,

En cada página de este libro, hallarás ecos de sabiduría antigua que resuenan con la fuerza y la resiliencia que ya posees. Este es un viaje a través del estoicismo, no como un mapa hacia un destino fijo, sino como una brújula para navegar en las aguas, a veces turbulentas, de la vida contemporánea.

Que cada palabra te recuerde que eres una guerrera en tu propio derecho, forjando tu camino con la elegancia de la mente y la fortaleza del espíritu. No se trata de llevar armaduras pesadas, sino de la capacidad de permanecer serena en medio de la tempestad, de abrazar con valentía cada desafío y de encontrar equilibrio y propósito incluso en los momentos más caóticos.

Este libro es un tributo a tu viaje, un reconocimiento de tu lucha constante y una celebración de tu incansable búsqueda de crecimiento personal. Aquí no encontrarás estereotipos ni expectativas predeterminadas; solo un espacio para reflexionar, crecer y ser, auténticamente tú.

# Introducción

Este libro ha sido creado especialmente pensando en ti, dirigido a mujeres que, al igual que tú, están en una búsqueda de sabiduría y desean aplicarla para encontrar esa anhelada paz interior en el torbellino de la vida moderna. Es una guía que, aunque escrita para nosotras, también puede ser de gran aprendizaje para los hombres que decidan sumergirse en sus páginas.

Te tomaré de la mano para guiarte a través de los principios fundamentales del estoicismo, adaptados a nuestras vivencias cotidianas. Encontrarás ejercicios prácticos y técnicas que abordarán desafíos comunes que enfrentamos en el día a día, como lidiar con críticas, distinguir el amor verdadero, superar rupturas, enfrentar los celos, la ira, las preocupaciones, el pánico, las dificultades financieras y otros obstáculos que siempre han sido parte y puente de los caminos del vivir.

Ya seas una recién llegada al estoicismo o una practicante experimentada, esta guía está hecha a tu medida. Ofrece una perspectiva renovada sobre una filosofía antigua, entregando nuevas ideas y herramientas para ayudarte a vivir una vida más plena y significativa. Mi anhelo es que, al leer esta guía y poner en práctica sus enseñanzas, encuentres dentro de ti paz interior, un sentido profundo de propósito y una plenitud que te abrigue y complete.

Así que, embarquémonos en este viaje con la sabiduría de los filósofos estoicos y descubramos cómo el estoicismo puede ayudarnos en estos propósitos.

*Sapientia est potentia*: la sabiduría es poder.

Atalian Estoica

**www.EstoicismoYa.com**

# Nuestro Objetivo: Buscando La Tranquilidad Total

Si bien muchas creen que el objetivo de la vida consiste en la búsqueda de la felicidad, nuestro propósito como estoicas contemporáneas es encontrar serenidad en todo lo que hacemos, siendo inamovibles ante las adversidades y las turbulencias emocionales. Quienes están en esa búsqueda por la felicidad total a menudo se encuentran en una carrera interminable tras el placer y la ausencia de dolor, un ciclo de altibajos emocionales donde cada pico de alegría es efímero y cada valle, un recordatorio de su naturaleza transitoria. La felicidad total, con su dependencia de las circunstancias externas y su naturaleza fugaz, puede resultar exhaustiva. En contraste, la tranquilidad total ofrece un refugio sereno, un oasis de paz en el tumulto de la existencia.

Los estoicos, sabios navegantes de la condición humana, entendieron profundamente esta distinción. No buscaban la felicidad en los placeres sensoriales o la satisfacción de deseos pasajeros, como lo hacían los hedonistas en su eterna danza alrededor del fuego del placer. En lugar de ello, se orientaban hacia la tranquilidad, un verdadero estado de calma y equilibrio interno nacido de la virtud, el autocontrol y una aceptación racional de la naturaleza de las cosas, y siempre bajo su propio control.

Para los estoicos, la tranquilidad no era la ausencia de emoción, sino la capacidad de mantener la ecuanimidad ante las vicisitudes de la vida. Como se dice comúnmente, la tranquilidad no tiene precio y nada se compara con la sensación de poder ir a dormir tranquilas en la noche. Si emprendemos este viaje de estoicismo adaptado a la mujer de hoy, debemos tener claro hacia dónde vamos: vamos en búsqueda de paz y calma interior.

En los siguientes capítulos, exploraremos cómo la filosofía estoica puede ser nuestra guía en la búsqueda de esta tranquilidad plena y una vida realizada. Además, no existe nada más atractivo y admirable que una mujer en control de sus emociones: una mujer que está tranquila consigo misma y a quien es muy difícil que el entorno le pueda afectar. Este es un efecto secundario de asumir esta forma de ver la vida.

Al umbral de esta aventura, permíteme ser tu guía en un viaje no convencional. Imagina este libro como un archipiélago místico, donde cada capítulo es una isla única, flotando libremente en el vasto océano del conocimiento estoico. No necesitas navegar en un orden preestablecido; más bien, te invito a zarpar hacia la isla que más te llame la atención en cada momento. Cada una de estas islas, cada uno de los siguientes capítulos, es un mundo en sí mismo, custodiando sabidurías y tesoros que aguardan ser descubiertos por ti.

# Estoicismo Bajo Una Mirada Femenina

Hablemos un poco de qué es esto de la "filosofía estoica" y cuáles son sus orígenes. La filosofía estoica, una antigua sabiduría que floreció en Grecia en el siglo III a.C., emergió de las enseñanzas de Zenón de Citio. Zenón, un filósofo visionario, compartió su conocimiento en la llamada Stoa Poikile (el "Pórtico Pintado"), una construcción emblemática de la antigua Grecia situada en el Ágora de Atenas.

Este edificio del siglo V a.C., se destacaba por su diseño arquitectónico que incluía una amplia escalinata y una sucesión de columnas dóricas. En este, se albergaban pinturas de renombrados artistas del siglo V a.C., que representaban proezas militares atenienses. Zenón impartía allí sus enseñanzas. Sus seguidores, conocidos como estoicos, se congregaban en este pórtico, discutiendo los principios socráticos de autosuficiencia, paciencia y virtud, fundamentos centrales de la doctrina estoica.

Fue allí donde Zenón fusionó la esencia cínica, que promovía una vida simple y en armonía con la naturaleza, con su propio sistema filosófico, dando origen al estoicismo.

## Relevancia del Estoicismo para las Mujeres de Hoy

El estoicismo, jamás ha dejado de estar de moda. Pero hoy, más que nunca, las mujeres podemos encontrar en esta filosofía una guía para una vida plena y equilibrada en la que abogamos por la razón y la naturaleza, buscando la paz interior y el equilibrio en nuestras vidas diarias. El estoicismo nos enseña la dicotomía del control: enfocarnos en lo que podemos cambiar y aceptar con serenidad lo que está fuera de nuestro alcance. Así, la razón y la lógica se convierten en pilares para una vida virtuosa.

Los principios clave del estoicismo siempre han servido para señalarnos el camino hacia nuestra paz interior y plenitud, sin importar en qué etapa de la vida nos encontremos. Estos principios son:

**La virtud:** En el corazón del estoicismo está la búsqueda de la virtud, un camino hacia la excelencia moral. Cultivar la sabiduría, el coraje, la justicia y el autocontrol es fundamental. Ser una mujer estoica moderna implica abrazar estas virtudes y vivir con integridad.

**La razón:** Los estoicos siempre han visto a la razón como la guía más preciada. A través de ella, podemos comprender nuestro mundo y tomar decisiones alineadas con nuestra naturaleza. La razón es nuestro protocolo por excelencia. El tónico perfecto para cualquier emoción, decisión y juicio.

**La dicotomía del control:** Acepta con serenidad que hay cosas que puedes controlar y otras que no. Tú puedes dirigir tus pensamientos, creencias y acciones, pero los eventos externos y las acciones de los demás escapan a tu dominio. Enfoca tu energía en lo que puedes cambiar y abraza con calma lo que no puedes.

**Ley natural:** Cree en la existencia de una conexión intrínseca de todo en el universo y vive en armonía con la naturaleza. Nada puede brindar más placer que notar la complejidad de la naturaleza en sus cosas, aparentemente más simples.

**La ética:** Como consecuencia de la anterior conexión entre todo lo que existe, sé honesta, justa y compasiva. Trata a todos los seres humanos con igual respeto y dignidad, porque somos parte de una única comunidad global. La ética eleva el espíritu.

**El presente:** Practica la atención plena, solo existe el aquí y el ahora, tanto espacial como temporal. Sé consciente de tus pensamientos y emociones. En la agitación de la vida moderna, el presente es eterno, y es el único instante en que puedes actuar.

Volviendo sobre la historia del estoicismo, este se extendió por el Imperio Romano con filósofos como Séneca, Epicteto y Marco Aurelio, cuyas enseñanzas continúan inspirando hoy día. Dichos pensadores subrayaron valores que, ahora más que nunca, resuenan con las aspiraciones y desafíos de la mujer contemporánea, demostrando que la sabiduría estoica es atemporal y universal.

# Famosos Filósofos Estoicos Y Sus Enseñanzas

El estoicismo tiene una rica historia de filósofos influyentes que han dejado huella en su desarrollo y difusión. Aquí te presento algunos de los filósofos estoicos más renombrados y una breve reseña de sus enseñanzas:

**Zenón de Citio:** Fundador del estoicismo, floreció en la Atenas helenística. Su filosofía nos exhorta a vivir en armonía con la naturaleza, fomentando el autocontrol y la sabiduría como guías esenciales.

**Epicteto:** De origen humilde como esclavo, Epicteto se convirtió en un maestro del estoicismo. Su lección más importante es enfocarse en lo que podemos controlar y aceptar con serenidad lo que escapa a nuestro dominio. La autodisciplina y la atención plena son pilares fundamentales.

**Séneca:** Este filósofo romano nos insta a vivir una vida de virtud y ética. Hace hincapié en vivir plenamente en el presente, promoviendo la autorreflexión y el crecimiento personal.

**Marco Aurelio:** Como emperador romano y filósofo estoico, nos legó sus "Meditaciones", un libro de reflexión personal profunda. Nos recuerda la importancia de la autodisciplina y la atención plena. "Meditaciones" es un texto esencial para profundizar en el estoicismo práctico.

## ¿Y Las Mujeres?

Aunque mucho menos documentadas que sus contrapartes masculinas, varias mujeres han destacado por su fortaleza y devoción a los principios estoicos en la época de su nacimiento y durante su expansión: Porcia Catonis, hija de Catón el Joven y esposa de Bruto, es recordada por su firmeza y práctica de la filosofía estoica. Fania, hija del senador romano Publio Clodio Trasea y de Arria la Joven, y esposa de Helvivius, así como Hiparquía de Maronea, una filósofa y discípula del estoicismo en el siglo IV a.C., casada con Crates, un filósofo cínico. Estas mujeres, aunque no nos dejaron escritos, son consideradas como estoicas por sus actos y su carácter.

Annia Cornificia Faustina la Menor, era la hermana del emperador romano Marco Aurelio, Arria la Joven, madre de Fania, y Helvia, madre del famoso filósofo estoico Séneca, también son ejemplos de mujeres que practicaron el estoicismo. Estos casos sugieren que es muy posible que como madres, hermanas e hijas en familias estoicas, hayan sido adeptas a esta filosofía o incluso, hayan inculcado la semilla del estoicismo en sus hijos y cercanos.

Además, es importante mencionar a Musonio Rufo, un filósofo estoico que abogaba por la igual capacidad de las mujeres en la filosofía y enfatizaba la necesidad de su educación filosófica. Estas figuras demuestran cómo los principios estoicos eran aplicables a todos, independientemente del género. En este libro, se incluyen al final de cada ensayo breves reseñas de mujeres de nuestro mundo moderno, ejemplificando la filosofía estoica y resaltando la virtud señalada en cada capítulo, reafirmando la relevancia y adaptabilidad del estoicismo en distintas épocas y contextos.

En la próxima sección, exploraremos las enseñanzas de destacados filósofos estoicos y sus consejos para alcanzar esa anhelada paz interior.

# Estoicismo Para Mujeres Modernas: 20 Lecciones

Explora estas enseñanzas en el orden que prefieras; cada sección ofrece valiosas reflexiones listas para ser descubiertas. Junto a cada lección, se presenta un breve perfil de mujeres que adoptaron una postura estoica ante desafíos extraordinarios, sirviendo de inspiración y guía.

# 1. Fluir Con La Vida

## Afrontar Obstáculos, Críticas Y Juicios

Empecemos esta primera lección comprendiendo el significado de lo que los estoicos llamaban "*Amor Fati*". Este concepto, que puede traducirse como "amor por tu destino" o "afecto por lo que te depare la vida", yo prefiero definirlo como el "Fluir con la vida". Esto implica aceptar todo lo que nos sucede, incluso los momentos que parecen desafiantes o críticos, como algo necesario y enriquecedor para nuestro crecimiento personal.

Los estoicos creían firmemente que todo en el universo tenía un propósito preestablecido y que debíamos acoger nuestro destino con amor, sin importar su naturaleza. Ahora, no se trata de disfrutar de las dificultades ni de vivir en función de ellas, buscándolas en un sinfín de dramas, sino más bien de aceptarlas como una parte esencial de nuestro viaje hacia la sabiduría, la virtud y la paz interior.

Una manera de asimilar este concepto es considerar la vida como un viaje o una narrativa personal, donde cada experiencia moldea y contribuye a la historia general de nuestras vidas. Al igual que en una emocionante historia, a menudo encontramos giros inesperados, obstáculos y desafíos que, en última instancia, conducen a un crecimiento y transformación.

Por ejemplo, imagina que has trabajado durante años en una empresa y de repente te despiden debido a una reestructuración. Es completamente normal sentirte preocupada, frustrada o enojada ante tal situación. Sin embargo, al practicar el *Amor Fati*, puedes cambiar tu perspectiva y encontrar aspectos positivos en este cambio. En lugar de enfocarte en la pérdida de tu empleo, puedes optar por verlo como una oportunidad para explorar nuevos horizontes profesionales o seguir tus pasiones. Se cierra una puerta, pero se abren mil ventanas. No te quedes mirando el pórtico de lo que quedó detrás: ¡Asómate y asómbrate! Es el momento de avanzar un nuevo escalón en la vida. Puedes considerar este revés como una oportunidad para crecer y aprender, en lugar de una derrota.

Epicteto decía: "No busques que los eventos ocurran como tú deseas, más bien, desea que sucedan tal como ocurren, y tu vida fluirá en armonía". Esta cita nos alienta a aceptar los acontecimientos tal como se presentan, en lugar de intentar controlarlos o modificarlos. Al abrazar nuestro destino, podemos encontrar la serenidad interior y enfocarnos en lo que sí podemos controlar, en lugar de dejar que las emociones negativas o la ansiedad nos consuman.

Para abrazar el *Amor Fati* en tu vida, es esencial aprender a contemplar tus circunstancias desde una perspectiva desapegada y objetiva. En lugar de aferrarte a resultados específicos o expectativas rígidas, debes aprender a aceptar y adaptarte a lo que la vida te ofrece, fluir con ella. De esta manera, podrás cultivar esa sensación de paz interior y resiliencia que anhelamos, incluso en medio de las adversidades.

Toma esto como "¡Que venga lo que tenga que venir!", un concepto que Juan David Arbeláez describe en su libro "Importaculismo Práctico", que bien podría ser la afirmación perfecta para quienes asumimos ese *Amor Fati*. Dicho libro, "Importaculismo Práctico", bien podría ser otra recomendación de lectura para cualquier mujer interesada en aprender más sobre el estoicismo.

## Cambiar De Perspectiva

Hace un momento te invitaba a dejar de mirar la puerta y asomarte por las ventanas ahora abiertas. A menudo, cuando enfrentamos obstáculos de cualquier índole, nuestras emociones se disparan, y nos sentimos heridas o a la defensiva. Sin embargo, si trabajamos en nuestra propia perspectiva de los sucesos, muy posiblemente podremos abordar cualquier situación de crítica o juicio sobre nosotras desde una nueva óptica.

Imagina por un momento una situación que puede ser común, pero incómoda: alguien te critica o insulta sin justa causa. Ahora, asume el rol de una observadora imparcial y pregúntate: "¿Qué observarías como espectadora de dicha situación?", "Si fueras un tercero ajeno a este momento, ¿qué verías?", "¿Cuál crees que es la intención detrás de las palabras de quien te insulta o critica?", "¿Cómo responderías si fueras esa observadora imparcial?" y "¿Qué lecciones podrías extraer de dicha experiencia?".

Epicteto decía: "Las personas no se perturban por los eventos en sí, sino por las interpretaciones que hacen de ellos". Esto significa que nuestras reacciones ante los insultos y las críticas no dependen de los hechos en sí, sino de nuestra interpretación de ellos. Al practicar este "cambio de perspectiva", podemos tomar las riendas de nuestras reacciones y retomar el control.

## Retomemos Esas Preguntas Anteriores

¿Qué observaría una persona imparcial en esta situación? Quizás a alguien de malgenio a quien no le han salido las cosas bien últimamente y que decidió desquitarse contigo.

¿Cuál es la intención detrás de las palabras del insultante o crítico? Puede que busque demostrar una posición de poder, grosería, llamar la atención, o hacernos sentir de una manera específica. Puede ser alguien con un ego tan frágil que necesita recurrir al insulto o la crítica para sentirse "alguien".

¿Qué lecciones podemos extraer de esta experiencia? Siendo sinceras y dejando cualquier prejuicio a un lado, ¿es algo válido o sin sentido? ¿Es algo que se pueda mejorar o son solo "niñerías"?

Esto es asumir el control de una situación, anteponiendo la razón a la emoción. A partir de aquí puedes decidir si eres MÁS que las críticas o insultos de cualquiera, si realmente hay algo que puedes mejorar o si, en realidad, no vale la pena, como cuando se trata de una persona que no tiene ninguna incidencia en tu vida, algún desconocido. Puedes evaluar cuáles son las intenciones de quien te juzga o insulta y darte cuenta rápidamente de que lo hace por sentirse en una falsa posición de autoridad, apelando a la grosería o a la disminución de los demás.

Imagina ahora que recibes una dura crítica de tu jefe acerca de tu desempeño laboral. En un primer instante, podrías sentirte herida o enojada, y es natural querer justificar tu actuar. Sin embargo, al practicar el ejercicio anterior, puedes distanciarte emocionalmente y evaluar la situación desde un punto de vista más objetivo.

Podrías descubrir que las críticas de tu jefe realmente buscan contribuir a tu crecimiento profesional, y que algunas de sus observaciones sí tienen fundamento. Adoptando esta nueva perspectiva, puedes responder de manera racional y productiva, en lugar de dejar que tus emociones tomen el control. Este ejercicio te empodera para enfrentar las adversidades con sabiduría y fortaleza.

Aprende a fluir con la vida, practica el *Amor Fati* y...

¡Que venga lo que tenga que venir!

# Eleanor Roosevelt

Eleanor Roosevelt, nacida el 11 de octubre de 1884, emergió de las sombras de una infancia marcada por la tragedia para convertirse en una de las mujeres más admiradas y proactivas del siglo XX. Huérfana a una edad temprana, Eleanor transformó su dolor en una inquebrantable fuerza de voluntad, emprendiendo un camino de servicio público impulsado por una profunda empatía hacia los menos afortunados. Su matrimonio con Franklin D. Roosevelt la llevó a la Casa Blanca, pero fue su propia voz y visión las que la catapultaron a un escenario de influencia y respeto internacional. Como Primera Dama de los Estados Unidos, desafió los roles convencionales y se convirtió en un símbolo de progreso y esperanza en medio de las adversidades de la Gran Depresión y la Segunda Guerra Mundial.

Con una pasión inquebrantable, Eleanor Roosevelt se enfrentó a críticas y juicios con una dignidad estoica, nunca permitiendo que las opiniones ajenas desviaran su compromiso con la justicia social y los derechos humanos. Su valentía para hablar abiertamente sobre temas controvertidos, desde los derechos civiles hasta el empoderamiento de las mujeres, la convirtió en un faro de progreso y cambio. Su habilidad para fluir con la vida, adaptándose y superando obstáculos, no solo transformó su propio destino sino que también modeló el curso de la historia, inspirando a generaciones futuras a perseguir la igualdad, la compasión y la valentía. La vida de Eleanor Roosevelt es un testamento luminoso de cómo la resiliencia y la adaptabilidad pueden forjar un legado de amor, liderazgo y humanidad incansable.

# 2. Sobre El Amor Auténtico

Uno de los pilares fundamentales del estoicismo, en lo que respecta al amor y las relaciones, es discernir entre el amor auténtico y la pasión. La pasión, o lo que los estoicos denominaban "eros", es una emoción impulsada por la atracción física y el deseo, a menudo efímera y fugaz. El amor genuino, en cambio, se basa en el reconocimiento del valor intrínseco de la otra persona como un ser racional y en su potencial para la virtud.

Para hacer esta distinción, los estoicos nos instan a dar un paso atrás y reflexionar sobre nuestras emociones y motivaciones. ¿Nos sentimos atraídas por alguien solo por su apariencia física o sus posesiones materiales, o apreciamos su carácter, su intelecto y sus virtudes? ¿Estamos dispuestas a amar y aceptar a esa persona incluso con sus imperfecciones, o solo nos interesa lo que puede ofrecernos? ¿Se trata de alguien para mostrar y ostentar, pero en el fondo es un "Ken" estilo "Barbie", plástico por fuera y vacío por dentro? ¿Vale la pena soportar algún maltrato a cambio de seguridad económica, como muchas mujeres deciden hoy día?

Todas las anteriores son preguntas válidas y crudas bajo la luz de las relaciones. Solo la autoevaluación y la honestidad con nosotras mismas pueden ayudarnos a evitar caer en las trampas de la pasión y a nutrir un amor más profundo y significativo, basado en el respeto mutuo, la comprensión y el apoyo.

Si bien en las primeras etapas de una relación romántica es común experimentar una intensa atracción por alguien y desear establecer una conexión con esa persona, también es crucial tomarse el tiempo necesario para conocerla a un nivel más profundo y evaluar si nuestros sentimientos están arraigados en un amor auténtico, en una simple pasión, o en una pulsión de supervivencia: mujeres que se involucran en las relaciones más tóxicas posibles solo porque no encuentran a nadie más y se desesperan, o se comparan con sus amigas; o porque reciben algún beneficio económico…

## Cómo Practicar El Amor Con Sabiduría

La siguiente, es una estrategia de reflexión para ayudarte a encontrar lo que realmente quieres en una relación:

**1. Busca Identificar Tus Valores Fundamentales:** Comienza reflexionando sobre las cualidades que realmente valoras en una pareja. Más allá de lo superficial como la apariencia o las posesiones, enfócate en atributos como la bondad, la sinceridad y la generosidad. Pregúntate: ¿Estas cualidades son reflejo de los valores que deseo en mi vida?

**2. Evalúa Tus Afectos:** Considera si tu interés en la otra persona se enfoca en su felicidad y bienestar, o si está más orientado a satisfacer tus necesidades. Este paso te ayuda a distinguir entre un amor genuino y uno impulsado por deseos egoístas.

**3. Aplica la Apatheia Selectiva:** Este concepto estoico te invita a mantener una mente lógica y tranquila, alejada de emociones que nublen tu visión. Pregúntate: ¿Mis emociones hacia esta persona me llevan a decisiones racionales y saludables para ambos? Aquí, el objetivo es equilibrar la pasión con la razón, asegurándote de que tus sentimientos sean constructivos para la relación.

**4. Imagina el Futuro de la Relación:** Basándote en tus observaciones actuales, visualiza el futuro de la relación. ¿Las cualidades y valores que aprecias en tu pareja son la base para un vínculo duradero y enriquecedor? Si los cimientos de tu relación son superficiales, reflexiona sobre su sostenibilidad a largo plazo.

**5. Toma una Decisión Consciente:** Después de reflexionar sobre tus descubrimientos, si reconoces un amor basado en la virtud y el respeto mutuo, piensa en cómo nutrir y fortalecer esa relación. Pero si la relación no se alinea con tus valores o no contribuye a tu bienestar, considera la posibilidad de un cambio, sin miedo. Elegir lo mejor para ti también es una forma de amor propio.

Estos pasos son una herramienta poderosa para mujeres en cualquier etapa de su vida amorosa, ayudándolas a evaluar sus relaciones con claridad y valentía, siempre alineadas con un amor verdadero y saludable.

Si aún no has encontrado a esa persona especial, recuerda que no estás sola en este viaje. Este tiempo de soledad es un regalo para descubrir qué valoras y anhelas en una relación. No se trata de esperar a la persona 'perfecta', sino de comprender qué complementaría tu vida.

Conoce lo que quieres y lo que no, lo que te hace feliz y lo que te resta. Estás construyendo la base para una futura relación tan rica y plena como la vida que estás creando para ti misma. No te conformes con menos; mereces a alguien que te ame por todo lo que eres y serás. Este reconocimiento valdrá cada segundo de espera. Disfruta del viaje y de tu crecimiento personal.

# Simone de Beauvoir

Simone de Beauvoir, nacida en París en 1908, emergió como una de las voces más poderosas e influyentes del siglo XX, desafiando las convenciones de su época con una audacia y una profundidad intelectual que aún resuenan. Su trayectoria comenzó en un mundo donde las expectativas para las mujeres estaban severamente limitadas, pero Beauvoir, con una mente brillante y una voluntad indomable, se abrió camino en la filosofía, un espacio dominado por hombres. Su obra cumbre, "El Segundo Sexo", publicada en 1949, no solo catalizó el movimiento feminista moderno, sino que también desmanteló las estructuras de poder y género con una claridad y una pasión que desafiaban toda norma social y cultural. Beauvoir no solo escribió sobre la liberación; vivió cada palabra, convirtiéndose en un símbolo de independencia y libertad.

Su relación con Jean-Paul Sartre, uno de los filósofos más destacados del siglo, fue un testamento vivo de su visión del amor y la independencia personal. Juntos, formaron una de las parejas intelectuales más icónicas de la historia, pero lo hicieron en sus propios términos, rechazando las convenciones del matrimonio y la monogamia. Esta relación no convencional se basó en una libertad mutua y un respeto profundo, reflejando la creencia de Beauvoir en la autonomía individual y el rechazo de la posesividad en el amor. A través de esta unión, demostró que el amor, lejos de ser una cadena, puede ser una expresión de libertad, una idea profundamente estoica. Simone de Beauvoir no solo desafió el mundo en el que vivió; lo transformó, dejando un legado de pensamiento y pasión que sigue inspirando a generaciones en su búsqueda de autenticidad, igualdad y libertad.

# 3. Rupturas: Avanzar Tras una Separación

Continuando sobre el aspecto de las relaciones, enfrentar una separación puede ser profundamente doloroso, y es fácil quedar atrapada en lo que fue y en lo que pudo haber sido. Desde la perspectiva estoica, hay dos consejos valiosos: el primero, es aceptar la pérdida como parte natural de la vida y vivir plenamente el presente. El segundo, entender que todo, absolutamente todo en esta vida, es transitorio: todo llega y eventualmente todo se irá.

Esta idea estoica de la impermanencia nos enseña que todo está en constante cambio. Esto aplica también a las relaciones amorosas, que a veces se desvanecen a pesar de nuestros mejores esfuerzos. Aceptar esta verdad nos permite soltar lo que fue y centrarnos en lo que es el presente, único instante donde tenemos el poder de efectuar cambios positivos en nuestra vida.

Ante una pérdida, seguramente te abrumarás pensando cosas como ¿qué será de mí? ¿Me quedaré sola por el resto de mi vida? ¿Qué dirán los demás? Y otras fantasías amplificadas por tus emociones. La respuesta a todas estas preguntas es ¡Vas a estar bien! Y lo que piensen los demás, no es problema tuyo.

Una pérdida amorosa nos invita a enfocarnos en nuestro desarrollo personal y paz interior, en vez de buscar validación o felicidad a través de otros. Eres feliz sola; tu pareja solo era alguien que te lo recordaba. Esto puede implicar dedicarte a lo que realmente te hace feliz, ya sea pasar tiempo con seres queridos, disfrutar de tus pasatiempos, o participar en actividades voluntarias que te apasionen. Al priorizar tu felicidad y bienestar, fomentas una autosuficiencia y resiliencia que te enriquecerán en todos los aspectos de tu vida, incluyendo futuras relaciones.

El abordaje estoico ante las separaciones es, en esencia, aceptar lo inalterable, ser agradecida por lo que tienes y que depende solo de ti, y centrarte en el momento presente y en tu paz interior. Adoptando estas prácticas, puedes atravesar el dolor de una separación con dignidad, emergiendo más fuerte y resiliente.

## Una Estrategia Ante La Ruptura

Lo primero, tras una ruptura, es reconocer que no tienes poder sobre las acciones o sentimientos de la otra persona, pero sí sobre tus propios pensamientos y reacciones. Evita caer en el ciclo de "¿qué hubiera pasado si...?" o de culparte a ti o a tu ex pareja. Eso solo te hará sentir peor. En cambio, dirige tu energía hacia ti misma: a cuidarte y a avanzar.

El segundo paso es ver las cosas tal como son, sin dramatismos. Observa tu ruptura como si fueras una espectadora, sin quedar atrapada en el torbellino emocional. Ve la situación desde una perspectiva más amplia, recordando que todas hemos pasado por esto y hemos salido adelante. Recuérdale a tu corazón que esto también pasará y que hay un camino hacia la sanación y nuevas oportunidades.

Y finalmente, acepta la impermanencia de todo en la vida. Aunque parezca imposible imaginar un futuro sin esa persona especial, es crucial recordar que la vida sigue y siempre hay espacio para nuevos comienzos y felicidad.

Implementando estas tres estrategias, podrás enfrentar el desamor de manera saludable y constructiva. Cuida de ti misma, acepta el cambio constante de la vida y mantén una perspectiva objetiva. Recuerda que el estoicismo no se trata de reprimir tus emociones o negar el dolor, sino de encontrar tranquilidad y aceptación ante los desafíos.

## Practica El Adiós Estoico

Reflexiona profundamente sobre la relación que terminó. Piensa en las causas de su final y sé sincera contigo misma acerca de cualquier error que hayas cometido. Acepta que el fin de la relación era necesario en el curso natural de la vida, una lección en tu camino hacia el crecimiento personal.

Ahora, escribe una carta a tu expareja. Expresa tus pensamientos y emociones más profundos. Esta carta es un espacio seguro para ti; no está pensada para ser enviada, sino para ayudarte a enfrentar y procesar tus sentimientos. En tus palabras, sé auténtica y directa, pero sin culpar o denigrar a tu ex. Recuerda, este ejercicio es para tu paz interior, no sobre la otra persona.

Una vez escrita la carta, léela en voz alta como si estuvieras frente a tu ex. Es normal que surjan emociones intensas; permítete sentirlas, llora si lo necesitas, pero sin dejarte llevar por ellas. Esta lectura es un acto de despedida en solitario, un reconocimiento de que esa etapa de tu vida ha terminado y es hora de mirar hacia adelante.

Por último, haz un acto simbólico para cerrar este capítulo de tu vida. Puedes quemar la carta, enterrarla o simplemente guardarla fuera de tu vista. No pienses en entregársela; recuerda, este es un ritual en solitario.

Mientras realizas este acto, repite para ti misma "Amor Fati", que significa 'amor al destino'. Haz de esta frase tu mantra para recordarte que cada experiencia, por difícil que sea, trae consigo una oportunidad para aprender, crecer y fortalecerte.

Somos seres de símbolos y rituales. Este ejercicio del Adiós Estoico es un poderoso ritual simbólico para aceptar y acogerte a ti misma tras una ruptura. ¡Bienvenida! Ahora vuelves a ti, más fuerte y con mayor claridad sobre lo que deseas en una futura relación. Tómate tu tiempo y di con calma: "¡Siguiente!"

# Frida Kahlo

Frida Kahlo, nacida en 1907 en Coyoacán, México, emergió de las sombras de la adversidad como una de las figuras más icónicas del arte del siglo XX. Su vida estuvo marcada por el dolor físico y emocional; un accidente de tráfico en su juventud la dejó con heridas que la atormentarían de por vida. Sin embargo, en esta oscuridad, encontró su luz: la pintura. Transformó su sufrimiento en un lienzo de expresión audaz y revolucionaria, mezclando el surrealismo con una intensa introspección personal. Sus obras, a menudo autorretratos, son un diario visual desgarrador y vibrante de su vida, una ventana a su alma torturada y apasionada.

La relación de Frida con el famoso muralista Diego Rivera fue un viaje turbulento de amor apasionado, traiciones y reconciliaciones. A pesar de su matrimonio tumultuoso, marcado por infidelidades y conflictos ideológicos, Frida encontró en Diego un amor complejo y una fuente de inspiración artística. Su relación, aunque a menudo dolorosa, nunca apagó la llama creativa de Frida; en cambio, la alimentó. Ella canalizó el tormento de su matrimonio en su arte, dando vida a obras que eran tanto declaraciones de fuerza como de vulnerabilidad. Frida Kahlo no solo sobrevivió a su relación con Rivera, sino que en su lucha, floreció, convirtiéndose en un símbolo eterno de resiliencia y empoderamiento, una artista que, en lugar de ser consumida por el fuego de su sufrimiento, se convirtió en la llama misma.

# 4. Ante Los Celos

Epicteto, destacado pensador estoico, decía: "No son las cosas las que perturban a las personas, sino las opiniones que las personas tienen sobre las cosas lo que las perturban". Esto implica que no son las situaciones externas, como alguien poseyendo lo que anhelamos, las que provocan los celos, sino nuestra percepción de que necesitamos eso para ser felices o exitosas.

Los celos pueden surgir por diversas razones, como sentirnos inferiores a otras, compararnos constantemente o temer perder algo o a alguien importante. Sin embargo, el estoicismo enseña que la verdadera felicidad y serenidad se encuentran enfocándonos en nuestras virtudes y en lo que podemos controlar, no en las circunstancias externas o en las acciones de otros.

Para gestionar los celos, es fundamental reflexionar sobre nuestras creencias y deseos. ¿Es esencial ese objeto o persona para nuestra felicidad? ¿Son nuestras comparaciones con los demás razonables? Al cuestionar nuestras convicciones, empezamos a verlas tal como son, encontrando gozo y satisfacción en nuestras propias cualidades.

Se dice que si pudiéramos intercambiar nuestras penas con las de los demás, al ver lo que cada quien atraviesa, preferiríamos quedarnos con lo que tenemos. Por lo tanto, la vida te ha dado lo que necesitas en este momento para hacer lo mejor posible ahora. Comprender esto es ser agradecida con la vida y dejar de comparar injustamente lo que nos falta con lo que otros tienen en exceso. Aunque el pasto del vecino parezca más verde, no vemos lo que ocurre dentro de su casa…

## Una Estrategia Ante Los Celos

Cuando comiences a sentir celos, lo primero es reconocerlos sin juzgarte; son emociones humanas naturales. Aquí viene el desafío: intenta ver la situación desde otra perspectiva. Pregúntate, ¿qué hay realmente detrás de estos celos? A menudo, no es tanto la otra persona, sino lo que representa para ti.

En lugar de ver a la persona que despierta tus celos como un rival, imagínala como alguien de quien puedes aprender. Considera esta situación como una oportunidad para crecer. Si sientes celos del éxito de alguien, en lugar de enfocarte en la envidia, reflexiona sobre qué puedes aprender de sus logros. ¿Qué habilidades o actitudes tiene esa persona que podrías desarrollar o mejorar?

Practicar la gratitud es otro paso esencial. En vez de centrarte en lo que te falta o en lo que otros tienen, reflexiona sobre lo que ya posees y valoras en tu vida. Este cambio de mentalidad de escasez a abundancia puede ser liberador.

Desarrollar compasión también es importante. En lugar de albergar resentimientos hacia quien te provoca celos, intenta entender su situación. Recuerda que esa persona enfrenta sus propias luchas y desafíos, al igual que tú.

Finalmente, actúa. Utiliza lo aprendido para mejorar tu vida. Si sientes celos por el logro de alguien, piensa en cómo puedes aplicar esas lecciones para alcanzar tus metas. Establece objetivos claros y trabaja hacia ellos, celebrando tus éxitos personales en el camino.

Este enfoque, está basado en lo que los estoicos llamaban la ataraxia, un concepto clave que consiste en un estado referente a la ausencia de perturbaciones del alma y de tranquilidad, serenidad y ecuanimidad. Aunque no es un estado mental permanente, este estado se puede alcanzar fácilmente especialmente en dos situaciones: cuando no estamos dominados por las pasiones y deseos desmedidos, y cuando nos enfocamos en actuar con virtud en lo que podemos controlar, aceptando con ecuanimidad lo que no.

Este entendimiento te ayuda a ver los celos no como una amenaza, sino como una oportunidad para el autodescubrimiento. Al cultivar esta serenidad interior, manejas mejor los celos y te fortaleces para enfrentar la vida con mayor sabiduría y paz interior. La práctica de la ataraxia te guía hacia un mayor entendimiento de ti misma y una vida más armoniosa y equilibrada.

# Serena Williams

Serena Williams, nacida el 26 de septiembre de 1981 en Saginaw, Michigan, es una de las tenistas más destacadas y reconocidas del mundo. Su carrera comenzó a una edad temprana, entrenada por su padre Richard Williams junto a su hermana Venus. Serena se convirtió en profesional en 1995 y rápidamente comenzó a hacerse un nombre en el mundo del tenis. Ha ganado 23 títulos de Grand Slam en individuales, superando el récord de la era abierta y situándose a solo un título de igualar el récord absoluto de Margaret Court. Su juego poderoso y su habilidad para ganar puntos decisivos la han consolidado como una jugadora dominante en el circuito.

Más allá de su éxito en la cancha, Serena Williams ha mostrado una notable capacidad para manejar la presión y el escrutinio en un deporte competitivo y a menudo implacable. A pesar de enfrentarse a la envidia y los celos dentro y fuera de la cancha, especialmente en un deporte donde las comparaciones y rivalidades son constantes, Serena ha mantenido un enfoque en su propio crecimiento y éxito. Ha superado lesiones, controversias y desafíos personales, regresando cada vez con más fuerza. Su habilidad para mantenerse centrada en sus objetivos y no dejarse afectar negativamente por las emociones destructivas de los celos es un testimonio de su fortaleza mental y su enfoque estoico en la vida y en su carrera deportiva.

# 5. Ante La Ira

La ira, esa poderosa emoción que a menudo conduce a la destrucción, juega un papel crucial en la filosofía estoica. Es vista como una alteración mental, un desvío de la lógica y una rendición a nuestros instintos más primarios. Los estoicos entienden la ira como una especie de locura temporal, un fallo en el juicio con posibles consecuencias devastadoras. Marco Aurelio, emperador y filósofo, resaltaba la seriedad de las consecuencias de la ira en comparación con sus causas. Así reflejaba el punto de vista estoico: la ira no solo es perjudicial en sí misma, sino que sus efectos pueden ser mucho peores que el motivo que la desencadenó.

Frente a la ira, los estoicos abogan por regresar a la razón y la virtud, instándonos a reflexionar antes de ceder a reacciones impulsivas. El budismo y el taoísmo complementan este pensamiento, con su énfasis en la atención plena y la armonía. Nos enseñan a observar nuestras emociones sin ser arrastradas por ellas y a fluir con la vida sin oponer resistencia innecesaria.

La verdadera fortaleza, según los estoicos, reside en mantener la calma y la claridad mental ante las provocaciones. Esto significa estar firmemente arraigadas en nuestros valores y principios, a pesar de los desafíos externos. No se trata de no sentir ira u otras emociones intensas, sino de aprender a gestionarlas de manera consciente y eficaz.

¿Cómo aplicamos estas enseñanzas en nuestra vida diaria? Empezamos por ser conscientes de nuestros detonantes emocionales y reacciones habituales, creando un espacio entre el estímulo y la respuesta. En este espacio se encuentra nuestro poder. Considera la siguiente estrategia para mitigar la ira:

## Una Estrategia Para Aplacar La Ira

Cuando sientas que la ira comienza a arder, te propongo echar mano de estos pasos:

**1. Reconocimiento y Distanciamiento:** El primer paso es reconocer la emoción que está emergiendo. ¿Es ira, frustración, o quizás impaciencia? Una vez identificada, busca distanciarte físicamente del detonante, si es posible. Este alejamiento puede ser tan simple como dar unos pasos atrás o cambiar de habitación, proporcionando una perspectiva renovada y reduciendo la intensidad de la emoción.

**2. Respiración Consciente:** Utiliza la respiración como ancla para tu mente. Al centrarte en tu respiración, te das un momento vital para no reaccionar impulsivamente. Practica respiraciones profundas y lentas: inhala contando hasta cuatro, mantén la respiración durante cuatro segundos y exhala lentamente durante otros cuatro. Este proceso calma el sistema nervioso y aclara tu mente.

**3. Reenfoque Mental:** Después de respirar y alejarte físicamente, es hora de reenfocar tu mente. Trata de ver la situación desde una perspectiva más amplia. Pregúntate:

¿Esta situación tendrá importancia dentro de una semana, un mes o un año? Busca aspectos positivos o lecciones que puedas aprender. Si estás enfadada por un retraso, piensa en cómo este tiempo extra te podría beneficiar.

**4. Respuesta Meditada:** Con una mente más clara y una emoción menos intensa, decide cómo responderás. En lugar de reaccionar desde la ira, busca una respuesta alineada con tus valores y objetivos a largo plazo. Puede ser abordar el problema de manera constructiva, comunicarte de forma asertiva o, en algunos casos, elegir no responder.

**5. Considera Guardar Silencio:** Antes de expresar lo que sientes, haz una pausa y reflexiona sobre el impacto de tus palabras. Pregúntate si lo que vas a decir podría desencadenar más ira, o si el silencio sería más prudente. No todas las batallas necesitan ser enfrentadas; muchas veces, el silencio es una herramienta poderosa.

**6. Encuentra un Mecanismo de Desahogo:** Si has optado por el silencio y la reflexión, busca una forma segura y saludable de liberar la energía acumulada de la ira. Puede ser hablar con una amiga o familiar de confianza, o liberar la tensión de una manera que no afecte a otros, como gritar en un lugar privado.

Este método te ayudará a controlar tus emociones de manera efectiva y a enfrentar los desafíos de forma constructiva y positiva. Imagina, por ejemplo, que te encuentras en un embotellamiento de camino a una reunión importante. En vez de enfadarte, aplica esta estrategia haciendo una pausa y respirando profundamente. Analiza la situación, reconociendo que el atasco está fuera de tu control. Redirige tus pensamientos hacia el hecho de que ahora tienes más tiempo para prepararte. Finalmente, reacciona de manera calmada, aprovechando el tiempo en el tráfico.

Recuerda, en el centro de la tormenta encontrarás tu calma. Allí yace tu poder, no en apaciguar la tempestad, sino en navegarla con un corazón resuelto y una mente lúcida.

# Christiane Amanpour

Christiane Amanpour nació el 12 de enero de 1958 en Londres, Reino Unido, y creció en Teherán, Irán. Comenzó su carrera en periodismo en 1983 como asistente en la mesa de asignaciones internacionales de CNN en Atlanta. Amanpour se destacó rápidamente por su valiente cobertura de conflictos y zonas de guerra, convirtiéndose en una de las corresponsales extranjeras más respetadas. Su trabajo incluye informes desde los frentes de batalla en Irak, Afganistán, los Balcanes, Ruanda y otros muchos puntos críticos alrededor del mundo.

Como periodista de guerra, Amanpour ha sido testigo de situaciones extremadamente difíciles y peligrosas. A pesar de la intensidad y el peligro inherente a su trabajo, se ha distinguido por su capacidad para mantener la compostura y la objetividad, mostrando un control ejemplar sobre la ira y las emociones en entornos hostiles. Su enfoque en contar las historias humanas detrás de los conflictos y su incansable búsqueda de la verdad en situaciones de extrema adversidad, la han convertido en una figura icónica en el periodismo y un ejemplo de cómo manejar emociones intensas como la ira en circunstancias desafiantes.

# 6. Contra La Ansiedad y Preocupación

¿Cómo nos liberamos del yugo de la ansiedad, ese silencioso destructor de vidas? La ansiedad, un motor interno de inquietud, no siempre se muestra como parálisis visible o desastre evidente. A menudo, su presencia es más insidiosa, cocinándose a fuego lento bajo la superficie, moldeando nuestros juicios, acciones y voluntad.

Reflexionemos sobre las palabras de Séneca acerca de la verdadera felicidad: encontrar satisfacción en el presente sin depender ansiosamente del futuro, sin caer en las redes de esperanzas o temores. Esto implica reconocer que las mayores bendiciones residen en nuestro interior y están a nuestro alcance. El sabio se contenta con su suerte, sin desear lo que no tiene.

Pero, ¿cómo luchamos contra la ansiedad, esa fuerza interna que puede desgarrar incluso a las más fuertes entre nosotras?

Primero, consideremos el pasado. Séneca nos advierte de la futilidad de huir de nuestros problemas, ya que viajan con nosotras. La angustia por acciones pasadas, fracasos, vergüenzas o traumas, es una carga que muchas llevamos. El estoicismo nos enseña a diferenciar entre lo que está bajo nuestro control y lo que no. El pasado, inmutable e inalterable, cae en lo incontrolable. No podemos cambiarlo, por lo que aferrarnos a él es inútil. En lugar de eso, debemos aceptarlo y negarnos a permitir que empañe nuestro presente. El pasado solo existe como percepción en nuestra mente.

La falta de atención plena, provocada por la ansiedad sobre el pasado o el futuro, nos impide vivir plenamente el presente. Marco Aurelio alguna vez dijo: "No dejes que el futuro perturbe tu mente; si llegas a él, lo harás con la misma razón que aplicas ahora al presente". En sus Meditaciones, también expresó: "Hoy escapé de la ansiedad. O mejor dicho, la descarté, porque estaba dentro de mí, en mis propias percepciones, no fuera". Estas palabras sugieren que para alcanzar una vida feliz necesitamos un juicio objetivo, acciones desinteresadas y la aceptación voluntaria de los eventos externos, todo ello anclado en el momento presente.

El futuro, al igual que el pasado, está fuera de nuestro control. Preocuparnos por él es tan fútil como lamentarnos por el pasado. Séneca y Epicteto nos recuerdan que sufrir antes de tiempo es un sufrimiento innecesario. El futuro es incognoscible, y preocuparse por él es perder el tiempo. La esperanza, tan peligrosa como el miedo, nos lleva a desear que las cosas sucedan de una manera específica, lo que nos pone en oposición al Amor Fati, el amor al destino. Debemos enfocarnos en hacer lo mejor con lo que tenemos en el momento presente, enfrentando tanto el éxito como el fracaso con igual aplomo, como nos enseña el poema "If" (Si Puedes) de Rudyard Kipling.

*Si puedes mantener la cabeza en su sitio cuando todos a tu alrededor la pierden y te culpan a ti.*

*Si puedes seguir creyendo en ti mismo cuando todos dudan de ti, pero también aceptas que tengan dudas.*

*Si puedes esperar y no cansarte de la espera;*

*o si, siendo engañado, no respondes con engaños,*

*o si, siendo odiado, no incurres en el odio.*

*Y aun así no te las das de bueno ni de sabio.*

*Si puedes soñar sin que los sueños te dominen;*

*Si puedes pensar y no hacer de tus pensamientos tu único objetivo;*

*Si puedes encontrarte con el triunfo y el fracaso,*

*y tratar a esos dos impostores de la misma manera.*

*Si puedes soportar oír la verdad que has dicho, tergiversada por villanos para engañar a los necios.*

*O ver cómo se destruye todo aquello por lo que has dado la vida,*

*y remangarte para reconstruirlo con herramientas desgastadas.*

*Si puedes apilar todas tus ganancias*

*y arriesgarlas a una sola jugada;*

*y perder, y empezar de nuevo desde el principio*

*y nunca decir ni una palabra sobre tu pérdida.*

*Si puedes forzar tu corazón, y tus nervios y tendones,*

*a cumplir con tus objetivos mucho después de que estén agotados,*

*y así resistir cuando ya no te queda nada salvo la Voluntad, que les dice: "¡Resistid!".*

*Si puedes hablar a las masas y conservar tu virtud.*

*O caminar junto a reyes, sin menospreciar por ello a la gente común.*

*Si ni amigos ni enemigos pueden herirte.*

*Si todos pueden contar contigo, pero ninguno demasiado.*

*Si puedes llenar el implacable minuto, con sesenta segundos de diligente labor.*

*Entonces, tuya es la Tierra y todo lo que hay en ella.*

## Una Estrategia Contra La Ansiedad Y Preocupaciones

Entender cómo desmantelar la ansiedad requiere de una estrategia que nos permita confrontar y desarmar nuestras preocupaciones hasta su núcleo. La escritura, ejemplarmente estoica, ofrece un método eficaz para esto. Te propongo un ejercicio: desgranar lo que nos preocupa mediante la simple, pero poderosa, pregunta "¿Y?": ¿Y qué es lo peor que podría pasar? ¿Y qué podrías hacer con eso? ¿Y cómo podrías sentirte un poco mejor?, etc.

Imagina que estás frente a una hoja en blanco. Tu tarea es escribir lo que te inquieta, cada miedo, cada ansiedad sobre el pasado, presente o futuro. Con cada preocupación anotada, te haces la pregunta "¿Y?". Esta interrogante te empuja a explorar las consecuencias, desafiando la validez y la gravedad de tus preocupaciones.

Por ejemplo, escribes: "Me preocupa perder mi trabajo". Te preguntas: "¿Y si eso sucede?". Esto te lleva a considerar el siguiente nivel de consecuencias, como "Tendría dificultades financieras". Entonces, preguntas de nuevo: "¿Y?". Continúas este proceso, desenredando cada capa de ansiedad, preguntándote "¿Y?" tras cada respuesta.

Este ejercicio te conduce a una de dos conclusiones: o te das cuenta de que las consecuencias de tus preocupaciones no son tan graves como pensabas, o identificas que son serias, pero también hallas acciones concretas para enfrentarlas o mitigarlas.

Este proceso es un acto de desafío contra la ansiedad. Al preguntarte "¿Y?", aplicas un juicio objetivo a tus miedos, tal como Marco Aurelio nos enseñó. Actúas de manera desinteresada, enfocándote en soluciones y posibilidades, en vez de quedarte atrapada en un ciclo de preocupación. Y, finalmente, practicas la aceptación voluntaria de los eventos externos, preparándote para enfrentar lo que venga con calma y decisión.

Pero, ¿cómo incorporar esto en la vida diaria? Primero, establece un ritual diario de escritura. Dedica tiempo cada día, quizás por la mañana o antes de dormir, para escribir tus preocupaciones y seguir el hilo del "¿Y?".

Este ejercicio no tiene que ser extenso; incluso unos minutos pueden ser reveladores. Dicho ejercicio, lo encontrarás en detalle al final de este libro como una herramienta de "Previsión negativa".

En segundo lugar, lleva este ejercicio más allá del papel. Cuando te sientas preocupada durante el día, hazte mentalmente la pregunta "¿Y?". Con el tiempo, este hábito te permitirá enfrentar la ansiedad en el momento, reduciendo su impacto en ti.

No temas enfrentar la tormenta de la ansiedad con la pluma de la introspección, el escudo del "¿Y?" y la espada de la atención plena. Descubrirás que detrás de la nube de temores se oculta la serenidad de la aceptación y la claridad del propósito.

# Marie Curie

Marie Curie, nacida como Maria Skłodowska el 7 de noviembre de 1867 en Varsovia, Polonia, fue una física y química pionera cuyos descubrimientos cambiaron el mundo. Superando las barreras de género en una época dominada por hombres en la ciencia, Curie se convirtió en la primera mujer en ganar un Premio Nobel y la única persona en ganar dos Premios Nobel en diferentes campos científicos - Física y Química. Sus estudios y descubrimientos en el campo de la radiactividad, incluyendo el aislamiento de los elementos polonio y radio, sentaron las bases para avances significativos en la ciencia y la medicina.

La vida y la carrera de Curie estuvieron marcadas por la resiliencia y el compromiso inquebrantable con la ciencia, a pesar de las dificultades personales y profesionales. Se enfrentó a la pérdida de su amado esposo y colaborador científico, Pierre Curie, y continuó su trabajo en condiciones a menudo difíciles y con recursos limitados. Marie Curie también lidió con enfermedades causadas por su exposición prolongada a materiales radiactivos, desconociendo en ese entonces los riesgos para la salud. Su legado no solo reside en sus descubrimientos y su extraordinaria capacidad científica, sino también en su actitud estoica ante los desafíos, incluyendo la lucha contra las normas de género y los riesgos inherentes a su investigación.

# 7. Sobre El Dinero y Su Pérdida

En un mundo donde el dinero parece dictar nuestras decisiones y nuestro bienestar, es esencial preguntarnos: ¿cómo podemos, desde una perspectiva moderna y estoica, manejar nuestras finanzas personales? Comencemos por comprender que la verdadera riqueza no reside en la acumulación de bienes, sino en el dominio de uno mismo y en la capacidad de vivir en armonía con nuestras circunstancias, sean cuales sean. Esta sabiduría cobra especial relevancia en nuestra era de consumismo y búsqueda incesante de gratificación instantánea.

Considera el dinero como un instrumento neutral, ni bueno ni malo, que adquiere significado según cómo lo utilizamos. El estoicismo nos guía a valorar la virtud por encima de todo: sabiduría, coraje, justicia y templanza. Estas virtudes deben ser la brújula en nuestra relación con el dinero, no para renunciar a él, sino para comprender que su valor real yace en cómo contribuye a una vida significativa y virtuosa.

La sabiduría financiera, por ejemplo, es saber gestionar el dinero con inteligencia y prudencia, reconociendo el papel que juega en nuestras vidas. Se trata de utilizar nuestros recursos no solo para nuestro beneficio, sino también para mejorar las vidas de quienes nos rodean, y de reconocer nuestras limitaciones frente a la avaricia o el derroche.

El coraje en las finanzas implica tomar decisiones difíciles: invertir en un nuevo proyecto, cambiar de carrera por una pasión, o resistir la presión de consumir sin medida. Este coraje se basa en un juicio prudente y en aceptar la incertidumbre de la vida.

La justicia en nuestras finanzas nos recuerda ser equitativos en nuestras transacciones, tratando a todos con respeto y equidad, y compartiendo nuestros recursos de manera justa en la familia y la comunidad.

La templanza, en un mundo de excesos, nos enseña a vivir dentro de nuestros medios, evitando la deuda innecesaria y la impulsividad en el gasto. No se trata de austeridad, sino de un equilibrio saludable donde el dinero sirve a nuestras necesidades sin dominarnos.

## Ante Las Pérdidas

Ahora bien, ¿puede una pérdida económica convertirse en realidad en una inversión en nuestro propio crecimiento? Primero, abordemos el concepto de perder dinero. El estoicismo nos enseña a diferenciar entre lo que está y no está bajo nuestro control, algo que hemos repetido y seguiremos diciendo a lo largo de este libro. Entonces, el dinero, un recurso externo, pertenece a lo que no podemos manejar completamente. Marco Aurelio dijo: "La pérdida no es otra cosa que el cambio, y el cambio es el deleite de la Naturaleza." Esto nos recuerda que lo que consideramos una pérdida es solo una transformación, una parte natural y necesaria de la vida.

Supongamos que experimentamos una pérdida financiera de $20,000 dólares. Esta cantidad, invertida en un automóvil o en una experiencia, no es intrínsecamente buena o mala: solo es un evento que simplemente sucede. Pero, ¿podemos considerar esta pérdida como una inversión? Tradicionalmente, una inversión implica el uso de recursos con la expectativa de obtener un beneficio futuro. En el caso de la pérdida de $20,000, lo esencial es preguntarnos: ¿Qué lección valiosa hemos aprendido de esta experiencia? Si la pérdida nos ha proporcionado conocimientos que transforman nuestra forma de pensar o actuar, entonces se convierte en una inversión en nuestra sabiduría personal.

La educación no se limita a las aulas o los libros; la vida misma es una maestra exigente, y sus lecciones a menudo conllevan un costo. Si perder $20,000 te ha enseñado sobre la naturaleza efímera de lo material, la importancia de tomar decisiones financieras con prudencia, o te ha revelado algo valioso sobre ti mismo, entonces no ha sido un gasto inútil, sino el precio de un aprendizaje inigualable.

Sí: la pérdida de dinero puede ser dolorosa, pero en última instancia, es una lección, en este caso, una que tiene un precio de $20,000. El dinero es un servidor fiel para los sabios, pero un amo despiadado para los ignorantes, ¿de qué lado estás tú?

En términos de supervivencia, es crucial reconocer que puedes enfrentar una pérdida significativa y aun así seguir adelante: no te vas a morir. En momentos de crisis financiera, muchos flaquean bajo la presión. Pero sobrevivir a esta pérdida te ha dotado de una fortaleza interna y la comprensión de que tu bienestar no depende exclusivamente de tus posesiones.

Séneca nos enseñó: "Feliz es la persona que puede soportar la mayor y la menor fortuna." Quien enfrenta altibajos con serenidad, despoja a la adversidad de su poder.

En lo que parece una pérdida se encuentra la semilla del crecimiento interior; lo que se va en dinero, retorna en sabiduría. La verdadera riqueza se mide no en oro, sino en las lecciones aprendidas y la fortaleza forjada en el crisol de la experiencia.

Cultiva la virtud y serás rica, no en oro, sino en carácter; no en posesiones, sino en paz.

# Coco Chanel

Coco Chanel, cuyo nombre real era Gabrielle Bonheur Chanel, nació el 19 de agosto de 1883 en Saumur, Francia. Su vida comenzó en circunstancias humildes; tras la muerte de su madre, Chanel fue enviada a un orfanato, donde las monjas le enseñaron a coser, una habilidad que se convertiría en la piedra angular de su éxito. A pesar de sus comienzos difíciles, Chanel no se dejó vencer por la adversidad. En su juventud, trabajó como cantante de cabaret, donde adquirió el apodo de "Coco". Su entrada en el mundo de la moda comenzó como diseñadora de sombreros, abriendo su primera tienda en 1910.

Coco Chanel revolucionó la moda femenina, liberando a las mujeres de los restrictivos corsés y presentando un estilo que enfatizaba la comodidad y la elegancia casual. Su icónico traje de chaqueta y falda, el vestido negro y el perfume Chanel Nº 5 se convirtieron en símbolos de la elegancia y el buen gusto. A lo largo de su carrera, Chanel se mantuvo fiel a su visión artística, rechazando las normas de moda y belleza de su época. Su enfoque no estaba en la acumulación de riqueza, sino en la creación de diseños atemporales y en la transformación de la moda. A pesar de su éxito y riqueza, Chanel valoraba la simplicidad y la funcionalidad, lo que refleja una filosofía de vida que se alinea con los principios estoicos de autenticidad y enfoque en lo esencial.

# 8. Ante El Miedo

La palabra "coraje" tiene su origen en el latín *"cor"* que significa "corazón". Sin embargo, en el *contexto* de la filosofía griega, la palabra *"andreia"* se traduce como "valor" o "coraje". *Andreia*, que literalmente significa "virilidad" u "hombría", era un término que designaba el valor y el coraje dentro de la ética aristocrática griega. Así, aunque "coraje" y *"andreia"* tienen orígenes distintos, ambos términos convergen en su significado actual relacionado con la valentía y el valor. Sin embargo, en el contexto actual y especialmente en la vida de nosotras, las mujeres modernas, el coraje adquiere un significado más amplio y profundo, trascendiendo las limitaciones de género.

El coraje no se mide necesariamente por actos de heroísmo en el sentido clásico, sino por la fuerza interior y la resiliencia cotidiana. Cada una de nosotras lleva consigo una historia única que la define como una guerrera en su propio derecho. Esta lucha puede manifestarse en superar obstáculos personales, enfrentar desafíos en el trabajo, o simplemente en la determinación de seguir adelante frente a las adversidades.

La frase "Quienes no se mueven no notan sus cadenas" resuena especialmente con nuestra experiencia. Propongo adaptarla: "Da cada paso con firmeza y nunca, nunca te detengas". Esto refleja la importancia de reconocer y romper las barreras, tanto externas como internas, que limitan nuestro potencial; así, el coraje se convierte en un llamado a actuar con determinación, a desafiar las expectativas y a redefinir lo que significa ser valiente en un mundo en constante cambio.

Epicteto nos enseña que no debemos temer a la muerte o al dolor, sino al miedo que sentimos hacia ellos. Extrapolando esta afirmación, nuestro miedo no proviene de los desafíos en sí, sino de cómo los percibimos. Por ejemplo, el miedo a hablar en público o a asumir un nuevo desafío profesional no es más que el reflejo de nuestras propias inseguridades y preconceptos. Al cambiar nuestra perspectiva y ver estos desafíos como oportunidades para crecer y aprender, podemos abrazarlos con coraje y confianza.

El coraje no significa ser confrontativa o agresiva innecesariamente. Más bien, implica reconocer que nuestros miedos, a menudo, son sombras amplificadas por nuestras preconcepciones. Al enfrentar frontalmente dichos temores, no solo los superamos, sino que avanzamos un nivel en lo que Florence Scovel Shinn, autora prominente del Nuevo Pensamiento, llamaba "el juego de la vida". El coraje nos enseña que los temores no están ahí para asustarnos, sino para enseñarnos y mostrarnos que, al superarlos, nos fortalecemos y crecemos.

¿Cómo podemos enfrentar nuestros miedos en el tumultuoso teatro de la vida moderna? La respuesta yace no en eludir el miedo, sino en abrazarlo como una oportunidad para el crecimiento personal. La clave está en comprender que el miedo no es un enemigo a vencer, sino un maestro para entender y aprender de él.

Imagina el miedo como una montaña que parece intransitable. Al pie de esta montaña, te sientes pequeña, insegura. Pero cada paso que das hacia la cumbre, aunque te acerque a lo que te asusta, también te fortalece. Comenzar este viaje requiere identificar primero qué es esa montaña para ti. Podría ser hablar en público, el rechazo, la soledad, la incertidumbre. Nombrar tu miedo es el primer paso para despojarlo de su poder oculto.

Una vez identificado, el desafío es enfrentarlo de manera gradual. Si tu miedo es hablar en público, comienza en un entorno controlado y seguro. Habla frente a un espejo, observando tus propios movimientos, escuchando tu propia voz. Luego, extiende ese círculo de seguridad a un amigo o un familiar, alguien que te brinde un espacio de confianza y aceptación. Cada pequeña exposición a tu miedo es un paso más en esa montaña. Poco a poco, expande este círculo, abarcando grupos más grandes, situaciones más desafiantes.

Este proceso no es un camino para eliminar el miedo, sino para aprender a coexistir con él. Cada exposición, cada pequeña victoria sobre tu miedo, es un ladrillo más en la construcción de tu fortaleza interior. No se trata de no sentir miedo, sino de actuar a pesar de él. De hecho, el miedo puede convertirse en un aliado, señalando hacia dónde necesitas crecer, hacia qué dirección debes moverte para expandir los límites de tu zona de confort.

La vida cotidiana ofrece un sinfín de oportunidades para practicar este coraje. Si le temes a las alturas, comienza por subir a un taburete y acostumbrarte a la sensación. Luego, prueba con una silla, una escalera, y así sucesivamente. Cada paso te acerca más a la cima de tu montaña personal. Con cada nueva altura, observa cómo se siente tu cuerpo, cómo responde tu mente. Aprende de estas respuestas. Son lecciones en tu camino hacia la fortaleza.

Este enfoque, sin embargo, requiere paciencia y compasión hacia uno mismo. No hay un cronograma fijo para superar los miedos. Cada persona avanza a su propio ritmo. Lo importante es mantener el movimiento, por pequeño que sea. Y en este proceso, es vital ser amable contigo misma. Reconoce tus logros, por mínimos que parezcan. Cada paso adelante es un triunfo.

Finalmente, te dejo esta garantía de vida: Toda vez que confrontes un miedo, descubrirás al menos una de dos cosas: Que no era tan difícil como parecía, o que ahora tienes una gran historia para contar. Casi nunca nada termina siendo tan complejo como lo imaginaste.

# Margaret Thatcher

Margaret Thatcher, apodada la "Dama de Hierro", nació el 13 de octubre de 1925 en Grantham, Inglaterra. Tras estudiar química en la Universidad de Oxford y convertirse en abogada, inició su notable carrera política en 1959 como miembro del Parlamento por el Partido Conservador. Su ascenso político estuvo marcado por su determinación y habilidades de liderazgo excepcionales, culminando en 1979 al convertirse en la primera mujer Primer Ministro del Reino Unido, un rol que desempeñó con distinción durante tres mandatos consecutivos hasta 1990.

En su mandato, Thatcher enfrentó numerosos retos con una admirable compostura y un manejo ejemplar del miedo y la ansiedad. Su gobierno implementó audaces reformas económicas, llevó a cabo la privatización de varias industrias estatales y fortaleció la economía del país. En la esfera internacional, su liderazgo durante la Guerra de las Malvinas en 1982 destacó su capacidad para tomar decisiones difíciles con serenidad y determinación. Thatcher era conocida por su firmeza y su habilidad para mantener la calma y la claridad en situaciones de extrema presión. Su legado como una líder fuerte y resuelta sigue siendo una fuente de inspiración, recordada por su habilidad para afrontar desafíos con una cabeza fría y un enfoque práctico.

# 9. Afrontar El Duelo

"Nuestra muerte no nos concierne, porque mientras existimos, la muerte no está presente, y cuando la muerte está presente, entonces nosotros no existimos." – Epicuro[1].

La filosofía estoica, en su esencia, nos enseña a aceptar la inevitabilidad de la muerte y la pérdida como partes naturales de nuestra existencia. Esta aceptación, lejos de ser una forma de resignación pasiva, es una invitación a comprender más profundamente la vida y nuestro lugar en el universo. Enfrentar el duelo desde una perspectiva estoica implica un viaje hacia nuestro interior, una exploración de nuestras emociones y pensamientos más íntimos.

La muerte y la pérdida son universales y naturales. Todos los seres vivos, desde el más pequeño insecto hasta el ser humano más influyente, enfrentan este destino. La muerte no discrimina por riqueza, estatus o moralidad. Esta

---

[1] Epicuro, nacido alrededor del 341 a.C. en Samos, Grecia, fue un filósofo conocido por fundar el Epicureísmo. Su filosofía enfatizaba la búsqueda de la felicidad a través de la moderación, la autosuficiencia y el control de los deseos. Epicuro enseñaba que la verdadera felicidad proviene de la ausencia de dolor y la tranquilidad de la mente, obtenidas mediante la sabiduría y el conocimiento. Su escuela, conocida como el Jardín de Epicuro, promovía un estilo de vida sencillo y valoraba la amistad como un bien esencial.

Aunque Epicuro y Epicteto, un prominente filósofo estoico, pertenecen a la era de la filosofía helenística, sus enseñanzas difieren significativamente. Mientras el epicureísmo se concentra en evitar el dolor y buscar la paz mental, el estoicismo se enfoca en vivir en armonía con la naturaleza y aceptar lo que está fuera de nuestro control. Ambas filosofías, sin embargo, comparten un interés en la autodisciplina y la reflexión interna como medios para alcanzar la tranquilidad y la felicidad.

comprensión, aunque pueda parecer sombría, nos habla de una profunda igualdad y conexión con el mundo viviente. Reconocer que la muerte es un destino compartido por todos puede ser una fuente de consuelo y solidaridad en nuestros momentos de duelo.

Marco Aurelio, en sus meditaciones, nos recordaba la importancia de amar y apreciar a aquellos con quienes compartimos nuestro destino, siempre conscientes de que algún día nos separaremos. Este entendimiento nos insta a valorar y apreciar cada momento con nuestros seres queridos, sabiendo que cada segundo es precioso y efímero.

Cuando nos enfrentamos al dolor del duelo, es crucial permitirnos sentir nuestras emociones plenamente. La tristeza, el dolor, la ira y la confusión son respuestas naturales ante la pérdida. La filosofía estoica no nos pide que reprimamos o ignoremos estos sentimientos, sino que los reconozcamos y reflexionemos sobre ellos. Al hacerlo, podemos empezar a entender cómo estos sentimientos reflejan nuestro amor y conexión con la persona que hemos perdido, y cómo, incluso en el dolor, podemos encontrar rastros de belleza y significado.

Enfrentar el duelo y aceptar la pérdida es, por tanto, un proceso que nos desafía a mirar profundamente dentro de nosotras mismas y a encontrar una fortaleza y sabiduría que quizás no sabíamos que teníamos. Es un viaje que, aunque marcado por el dolor, puede llevarnos a una mayor comprensión de la vida, del amor y de nuestra propia resiliencia.

Cuando algo importante se va de nuestras vidas, podemos sentirnos perdidas en la incertidumbre. Aquí es donde la sabiduría estoica brilla, recordándote que, aunque no puedes controlar lo que sucede, sí puedes elegir cómo responder. Toma las riendas de tus emociones y acciones, y avanza con fuerza. La vida está en constante cambio, y entender esto puede ser un bálsamo para el alma en tiempos difíciles. Aceptar que nada es para siempre puede ayudarte a abrazar tu dolor y a encontrar serenidad en medio de la tormenta.

Dedica un momento para agradecer lo bueno que aún permanece en tu vida, y recuerda las cualidades y momentos felices de lo que has perdido. Esta práctica puede iluminar tu camino hacia la recuperación.

Ante la pérdida de un ser querido, comprométete a perpetuar su legado a través de tus acciones y cómo eliges vivir tu vida. Celebra la huella que esa persona o experiencia dejó en tu vida. Esto puede ser a través de un homenaje personal o involucrándote en algo que tenga un significado especial. Encontrarás consuelo en saber que su esencia sigue viva en ti.

Es en el silencioso eco del adiós es donde encontramos la verdadera fortaleza del espíritu; en cada lágrima derramada por la pérdida, se refleja la indestructible luz de la memoria y el amor inquebrantable.

# Jacqueline Kennedy Onassis

    Jacqueline Kennedy Onassis, nacida como Jacqueline Lee Bouvier el 28 de julio de 1929, es recordada como una de las primeras damas más icónicas y elegantes de los Estados Unidos. Casada con John F. Kennedy en 1953, Jacqueline se convirtió en un símbolo de moda, cultura y sofisticación, llevando un aura de glamour a la Casa Blanca. Su interés en las artes y su dedicación a la restauración y preservación de la historia nacional dejaron una huella perdurable. Sin embargo, su vida no estuvo exenta de tragedias; la más impactante fue el asesinato de su esposo en 1963, un evento que conmocionó al mundo y puso a prueba su fortaleza y resiliencia.

Tras el asesinato de Kennedy, Jacqueline, con tan solo 34 años, mostró una fortaleza y dignidad extraordinarias. Su manejo estoico del duelo, particularmente visible en su capacidad para mantener la compostura y la gracia bajo una atención mediática abrumadora, es profundamente admirable. Protegió y cuidó de sus hijos, Caroline y John Jr., asegurando su bienestar en medio del caos. Su habilidad para continuar con su vida, incluyendo su trabajo en la preservación y promoción de las artes y su posterior matrimonio con el magnate griego Aristóteles Onassis, demostró una resiliencia y una capacidad de adaptación impresionantes. Jacqueline Kennedy Onassis no solo afrontó el duelo con una gracia ejemplar, sino que también reconstruyó su vida, manteniendo su integridad y fortaleza, lo que la convierte en un modelo de resiliencia y coraje estoico.

# 10. Ante El Fracaso

¿Cómo enfrentamos el fracaso sin caer en la desesperación y manteniendo una resiliencia inquebrantable? El fracaso, visto desde otra perspectiva, es solo un paso hacia el crecimiento y el autoconocimiento. En el corazón de esta visión, hay una verdad universal: el fracaso es inevitable, pero cómo lo abordamos define nuestro carácter y destino.

La resiliencia no es solo la capacidad de recuperarse de contratiempos; es una profunda transformación de cómo vemos y vivimos la vida. No se trata de evitar el dolor o negar los problemas, sino de aprender a transitarlos con una fortaleza interna constante. Esta fortaleza se cultiva aceptando conscientemente la naturaleza impermanente y a menudo incontrolable de la vida.

Pensemos en alguien que enfrenta una gran pérdida, en negocios, deportes o relaciones personales. La reacción inicial podría ser de angustia o desesperación, pero hay un gran poder en tomar distancia y observar la situación desde una perspectiva más amplia. ¿Qué lecciones podemos aprender de esta experiencia? ¿Cómo puede este fracaso ser un catalizador para el crecimiento personal y la mejora? Al adoptar una actitud de aprendizaje y curiosidad, transformamos nuestras experiencias más difíciles en oportunidades para fortalecernos.

Esta transformación se basa en la introspección y la autenticidad. La introspección nos permite examinar nuestras experiencias y reacciones sin juzgar, reconociendo nuestras emociones pero sin ser esclavas de ellas. La autenticidad nos exige ser fieles a nosotras mismas, reconociendo nuestras fortalezas y debilidades y actuando con integridad. Juntas, estas actitudes nos preparan para enfrentar cualquier adversidad con gracia y determinación.

La resiliencia también implica cambiar cómo percibimos el éxito. En la sociedad actual, a menudo se mide por logros externos y reconocimiento. Pero una comprensión más profunda del éxito incluye el crecimiento personal, la fortaleza de carácter y la capacidad de mantener la calma y la perspectiva en crisis. Es un éxito no medible en términos materiales, sino en la calidad de nuestro carácter y en nuestra paz interna.

La resiliencia se fortalece con la práctica, y el compromiso con el autodesarrollo. No es un destino, sino un viaje continuo. Cada día trae nuevas oportunidades para practicar la resiliencia, en los pequeños retos diarios o en los grandes desafíos que cambian la vida. Con la práctica constante, la resiliencia se convierte en parte esencial de quiénes somos, dándonos fuerza para enfrentar cualquier tormenta con calma y confianza.

Así, el fracaso, lejos de ser un final, es un comienzo. Es una invitación a mirar hacia adentro, fortalecer nuestro carácter y cultivar una perspectiva de vida que nos empodere para afrontar cualquier desafío. La resiliencia no es resistir el cambio o negar el dolor, sino la valentía de abrazar la incertidumbre y transformar cada experiencia en una lección de vida.

# Lleva Un Diario De 'Fracasos Productivos'

En nuestro camino hacia la realización personal y profesional, aprender a ver el fracaso no como un obstáculo insuperable, sino como un peldaño más hacia nuestros objetivos es clave. Te invito a realizar un ejercicio simple pero revelador: crea un diario de "fracasos productivos". Dedica un momento cada día para reflexionar y escribir sobre situaciones que no hayan salido como esperabas, sin importar su magnitud. No te limites a relatar el fracaso; escribe también qué lección te deja y cómo puede ayudarte a avanzar. Este proceso te permitirá abrazar tus tropiezos y dejar de temerles, viéndolos como oportunidades de aprendizaje.

Además, te animo a ir un paso más allá: atrévete a fracasar. A veces, elige conscientemente un reto donde puedas no tener éxito. El objetivo aquí no es alcanzar un resultado perfecto, sino vivir el proceso y observar lo que surge de él. Este acto de valentía te descubrirá nuevas facetas de tu capacidad y resiliencia. Al desafiarte de esta manera, aprenderás a manejar la incertidumbre y a encontrar oportunidades de aprendizaje en los escenarios menos esperados. Estas experiencias son invaluables, preparándote para enfrentar futuros desafíos con mayor soltura y confianza.

Este diario, si decides hacerlo, se convertirá en un testimonio de tu viaje personal. Al revisarlo, verás cómo has evolucionado, cómo has transformado obstáculos en oportunidades y cómo, a menudo, lo que parecía grande o difícil fue en realidad más manejable de lo que pensabas.

# J.K. Rowling

J.K. Rowling, cuyo nombre completo es Joanne Rowling, nació el 31 de julio de 1965 en Yate, Gloucestershire, Inglaterra. Antes de convertirse en una de las autoras más reconocidas del mundo, Rowling enfrentó numerosos desafíos. Trabajó en varios empleos, incluyendo como investigadora y secretaria bilingüe para Amnistía Internacional, mientras comenzaba a escribir en su tiempo libre. Su vida tomó un giro difícil cuando, siendo madre soltera y viviendo con beneficios estatales, se encontró en una situación de pobreza y depresión. Esta etapa de su vida fue crucial en su desarrollo como escritora; fue durante estos años de adversidad cuando concibió la idea de lo que sería su obra más famosa, "Harry Potter".

El camino hacia la publicación no fue fácil para Rowling. El manuscrito de "Harry Potter y la Piedra Filosofal" fue rechazado por múltiples editoriales antes de que Bloomsbury aceptara publicarlo en 1997. El éxito de la serie de libros de Harry Potter fue fenomenal, ganando una inmensa popularidad a nivel mundial y siendo adaptados a exitosas películas. Rowling pasó de vivir en condiciones económicas difíciles a ser una de las autoras más ricas y amadas del mundo. Su historia es un testamento de resiliencia y perseverancia, demostrando que a pesar de los fracasos y rechazos, es posible superar las adversidades y lograr el éxito.

# 11. Ante El Rechazo

Voy a compartir contigo cinco secretos que van en línea con el rechazo:

#1 El rechazo es una parte inevitable de la vida.

#2 No será la última vez que lo experimentes.

#3 A todas nos ha pasado y nos pasará. No estás sola.

#4 Vas a estar bien.

Y finalmente:

#5 Llegará un momento en que reflexiones sobre este rechazo y te des cuenta de que pudo haber sido de lo mejor que te ocurrió, hasta el punto de agradecer por lo que has logrado.

Sí, el rechazo es inevitable, una lección esencial para forjar el alma y el carácter. Desde un amor no correspondido hasta una oportunidad laboral que se escapa o una idea no aceptada; más que momentos desalentadores, son oportunidades disfrazadas para aprender una habilidad valiosa: el arte del desprendimiento.

El verdadero desprendimiento comienza al reconocer que nuestro valor es inherente, no depende de la aceptación ajena. Este desapego, lejos de ser indiferencia, es un estado de conciencia y aceptación. Vivimos nuestras emociones plenamente, pero no permitimos que dicten nuestras acciones o pensamientos, especialmente cuando dependen de factores externos. Aprendemos sobre la impermanencia de la vida, aceptando que el rechazo de hoy no define nuestro mañana. Nos liberamos del miedo al fracaso y de preocuparnos por lo que otros piensen, permitiéndonos ser genuinas y vivir según nuestros valores más profundos.

Al enfrentar el rechazo con desapego, no solo lo superamos, sino que florecemos a través de él. Nos volvemos más resilientes, fortalecemos nuestra capacidad de recuperación y desarrollamos compasión hacia nosotras mismas y hacia los demás.

Hacer frente al rechazo cultivando una mentalidad de desapego, es más fácil cuando adoptamos el principio de que "Dejar ir, es Dejar Llegar", un concepto descrito por Juan David Arbeláez en su libro "IMPORTACULISMO PRÁCTICO". Nos enseña a dejar de mirar la puerta que se cerró y atrevernos a mirar por las ventanas que se abren alrededor.

Sí, nos han roto el corazón, nos han dicho que no, han frustrado nuestras ideas, pero NO han truncado nuestro futuro. Creer lo contrario es una sombra que nuestras emociones proyectan en nuestra mente.

Reflexiona sobre esos cinco secretos que te compartí al inicio de este capítulo. Al "dejar ir", abrimos espacio para "dejar llegar" lo nuevo y lo inesperado, fortaleciéndonos en el proceso. Esto es solo un ejercicio más de la vida para fortalecerte. Vas a estar bien y, con el tiempo, incluso agradecerás este incómodo rechazo.

En el jardín de tu vida, el rechazo es solo una hoja que se desprende, no el árbol entero. Observa cómo cae, reconoce su transitoriedad y sigue nutriendo con serenidad el verdor de tu ser.

# Emily Dickinson

Emily Dickinson, nacida en 1830 en Amherst, Massachusetts, fue una poeta cuya obra revolucionó en silencio el mundo de la literatura. Creció en un entorno conservador, pero desde muy joven, Dickinson se sumergió en un mundo de reflexiones profundas y preguntas existenciales, plasmadas con maestría en sus versos. Su vida estuvo marcada por una introspección intensa y una conexión íntima con la naturaleza y las grandes interrogantes de la existencia. A pesar de vivir a la sombra de la sociedad, su espíritu indomable se reflejaba en cada palabra que escribía, tejiendo un tapiz poético lleno de belleza, dolor, y una comprensión aguda de la condición humana.

En una época donde la voz de las mujeres era a menudo silenciada, Dickinson enfrentó el rechazo y la incomprensión con una dignidad y fortaleza estoicas. Publicó muy pocos poemas en vida, y estos a menudo fueron editados para ajustarse a los estilos convencionales, despojándolos de su esencia y singularidad. Sin embargo, lejos de desalentarse, encontró refugio y fuerza en su escritura, creando un universo poético donde exploraba temas como la muerte, la inmortalidad, el amor y la soledad. Su obra, descubierta y publicada póstumamente, reveló una mente brillante y una poeta de excepcional talento. Emily Dickinson, con su valentía para permanecer fiel a su voz única en medio del rechazo, se convirtió en un faro de inspiración, demostrando que la verdadera grandeza a menudo florece en la más profunda soledad.

# 12. Dejar De Postergar

La dilación, ese hábito sutil pero devastador que nos impide alcanzar nuestro verdadero potencial, se ha convertido en un compañero constante de muchas en esta era de distracciones infinitas. Pero, ¿cómo podemos, en una sociedad que ansía todo "aquí y ahora", encontrar la fortaleza para resistir la tentación de postergar y abrazar la disciplina y la paciencia necesarias para cultivar logros verdaderamente significativos?

La paradoja de nuestra época es que, aunque estamos rodeadas de herramientas diseñadas para optimizar nuestro tiempo y aumentar nuestra productividad, nos encontramos atrapadas en un ciclo perpetuo de procrastinación. La causa raíz de este fenómeno puede rastrearse hasta el deseo de gratificación instantánea, alimentado por tecnologías y medios que ofrecen recompensas rápidas y fáciles. Sin embargo, estas recompensas son fugaces, dejándonos en un estado de insatisfacción crónica.

Epicteto, con su sabiduría intemporal, nos recuerda que "ninguna gran cosa se crea de repente". Esta simple verdad resuena profundamente en un mundo que ha olvidado la belleza inherente al proceso de crecimiento y maduración. Así como un higo no aparece de la noche a la mañana, los logros significativos requieren tiempo y esfuerzo.

Pero, ¿cómo nos liberamos de las garras de la postergación? Los estoicos, con su enfoque en la disciplina, la paciencia y la perseverancia, nos enseñan que el camino hacia la superación de la postergación no es a través de la evitación, sino a través de la acción deliberada y consciente. Hablemos de cada una de estas tres virtudes y su poder para vencer la dilación:

**1. La disciplina.** La disciplina es el fundamento sobre el cual se construye toda resistencia a la postergación. No se trata simplemente de la capacidad de hacer cosas que no queremos hacer, sino de alinear nuestras acciones con nuestros valores más profundos. Los estoicos veían la disciplina no como una forma de castigo, sino como un medio para alcanzar la libertad. Libertad de nuestras pasiones descontroladas, libertad de nuestras distracciones y, lo más importante, libertad de nuestras propias limitaciones autoimpuestas.

La disciplina estoica nos pide que identifiquemos nuestras tareas y las descompongamos en pasos manejables. Esto nos permite evitar sentirnos abrumadas y nos facilita empezar. Pero la disciplina va más allá de solo empezar; se trata de mantener un compromiso constante con la tarea en cuestión, incluso cuando nuestro entusiasmo inicial se desvanece. Aquí es donde entran en juego la paciencia y la perseverancia.

**2. La paciencia.** Se dice que la paciencia solo se consigue con paciencia. A menudo, postergamos porque buscamos gratificación inmediata; queremos los resultados ahora y si no podemos tenerlos, nos damos por vencidas. La paciencia estoica nos insta a ver más allá del momento presente, a entender que "gota a gota se hace un río". Cada pequeño paso que damos, por insignificante que parezca, contribuye al flujo más grande de nuestra vida y nuestros objetivos. La paciencia nos enseña a valorar el proceso tanto como el resultado.

**3. La perseverancia.** La perseverancia es lo que nos mantiene en el camino cuando los obstáculos aparecen. En la vida, siempre habrá desafíos y momentos de duda. La perseverancia es esa firmeza de espíritu que nos permite continuar, incluso cuando las cosas se ponen difíciles. Los estoicos creían que es en la adversidad donde nuestro carácter se forja y se prueba. Cuando nos enfrentamos a tareas difíciles y las superamos, no solo completamos una tarea, sino que también nos fortalecemos a nosotras mismas.

Ahora, ¿cómo aplicamos todo esto en nuestra vida diaria? Comencemos identificando la tarea que hemos estado evitando. Podría ser algo tan sencillo como ordenar una habitación o tan complejo como empezar un nuevo proyecto en el trabajo. Una vez identificada la tarea, la dividimos en pasos pequeños y manejables. Este enfoque nos ayuda a evitar sentirnos abrumadas y facilita el comienzo.

Después, establecemos un cronograma y priorizamos los pasos más importantes. Hacemos una lista, paso a paso de cómo creemos que deberíamos abordar la tarea. Aquí es donde la disciplina entra en juego. Nos comprometemos a seguir este cronograma, incluso cuando no tengamos ganas de hacerlo. Nos enfocamos en el proceso, no solo en el producto final. Este enfoque paso a paso nos lleva, gota a gota, hacia nuestro río, hacia nuestro objetivo final. Obsesionarnos con la idea de avanzar paso a paso, uno a la vez como escalón hacia el siguiente en este listado.

Para fomentar la psicología de nuestro avance, es necesario pensar en los beneficios de completar la tarea y en las consecuencias de no hacerla pronto. Este equilibrio entre el pensamiento positivo y el reconocimiento de las posibles consecuencias negativas nos proporciona una motivación equilibrada.

En la batalla contra la postergación, tu armadura es la disciplina, tu escudo es la paciencia y tu espada es la perseverancia. Lo importante siempre es comenzar y seguir allí hasta terminar. Y... si no sabes por dónde empezar... ¡Pues empieza por cualquier parte! Deja que la situación se vaya abriendo paso a paso ante ti.

Empieza, prosigue y celebra el gozo de terminar lo que querías hacer. Paso a paso te encontrarás conquistando montañas que alguna vez consideraste inalcanzables.

# Erin Brockovich

Erin Brockovich es una figura emblemática de tenacidad y resiliencia en la lucha contra la injusticia ambiental. Nacida el 22 de junio de 1960 en Lawrence, Kansas, Brockovich no se encaminó inicialmente hacia una carrera legal. Sin embargo, su vida dio un giro decisivo cuando, trabajando como archivista en un pequeño despacho de abogados, descubrió una serie de documentos médicos mezclados con archivos inmobiliarios. Este hallazgo casual desencadenó su incansable búsqueda de respuestas en uno de los casos legales más significativos de contaminación del agua en la historia de Estados Unidos.

Brockovich, madre soltera de tres hijos y sin una educación legal formal, se sumergió en un mundo desconocido, desafiando las expectativas y las barreras sociales. Su determinación y coraje para enfrentar a la gigante corporación Pacific Gas and Electric Company (PG&E) evidenciaron su excepcional capacidad para superar la adversidad y la dilación.

La historia de Erin Brockovich es una inspiradora lección de cómo la acción decidida y la perseverancia pueden desencadenar un cambio monumental. Su valiente incursión en el caso PG&E reveló no solo una grave contaminación del agua en Hinkley, California, sino también la poderosa influencia de una mujer decidida a hacer la diferencia. Con tenacidad inquebrantable, Brockovich dedicó incontables horas a investigar, entrevistar a residentes afectados y construir un caso abrumadoramente convincente contra PG&E. Su éxito no solo resultó en un arreglo histórico de 333 millones de dólares para las víctimas en 1996, sino que también cimentó su estatus como un símbolo de justicia ambiental y empoderamiento femenino. Erin Brockovich es un faro de esperanza, demostrando que con pasión, dedicación y una firme negativa a posponer la búsqueda de justicia, una persona puede enfrentar gigantes corporativos y prevalecer, incluso desde los comienzos más humildes.

# 13. Ante La Soledad

¿Por qué tantas tememos a la soledad? ¿Es acaso un enemigo o un espejo que refleja nuestras más profundas inseguridades y pensamientos que evitamos enfrentar? Los estoicos, en su sabiduría, hablaban de la autarquía o *Autarkeia*, que significa autosuficiencia, un concepto que simboliza la capacidad de ser autosuficiente, independiente y tranquila, sin depender de lo externo. Creían que alcanzar la autarquía era un camino hacia la virtud y la felicidad, pues la sabiduría estoica reside en depender únicamente de nuestra razón y moralidad, viviendo en armonía con la naturaleza. Este concepto es clave para entender la soledad: no es ella lo que nos asusta, sino lo que revela de nosotras.

La soledad nos enfrenta al silencio externo, dejándonos a solas con nuestros pensamientos más íntimos. Para muchas, esto resulta aterrador. ¿Por qué? Porque en la soledad, despojadas de distracciones, nos vemos frente a frente con nuestra realidad interna, una confrontación que puede ser desalentadora si hemos evitado conocernos a nosotras mismas.

La autarquía estoica nos enseña a encontrar alegría en nuestra propia compañía. No solo se trata de estar a gusto en soledad, sino de desarrollar una relación con nosotras mismas tan enriquecedora y gratificante como cualquier otra. Epicteto nos instaba a valorar lo que ya poseemos, aplicando este principio tanto a lo material como a lo social. No se trata de rechazar la compañía ajena, sino de no depender de ella para nuestra felicidad y autoestima.

La búsqueda de la autarquía implica un proceso activo de autodescubrimiento y autoaceptación, persiguiendo nuestras pasiones y practicando la atención plena. Entender que llegamos solas al mundo y solas nos iremos, nos ayuda a apreciar que toda compañía es temporal y que cada quien está en su propio camino.

Al centrarnos en la gratitud por lo que tenemos, en lugar de lo que nos falta, empezamos a ver la soledad no como un vacío, sino como un espacio para ser auténticamente nosotras mismas. La autosuficiencia estoica no nos aísla, sino que, al ser capaces de encontrar satisfacción en nuestra propia compañía, formamos relaciones más auténticas y significativas. Al no depender de los demás para nuestro valor o felicidad, nos relacionamos de manera más abierta y generosa.

Esto implica dedicar tiempo a actividades que nos enriquecen, como leer, escribir, pintar, o cualquier forma de expresión creativa. También significa dedicar tiempo a la reflexión y la meditación, explorando nuestros pensamientos y sentimientos en un entorno sin juicios. Esto fortalece nuestra relación con nosotras mismas, basada en el entendimiento, respeto y amor.

Aceptar la soledad estoica es aceptarnos a nosotras mismas. Es reconocer que somos completas tal como somos, que no necesitamos buscar constantemente validación o distracción en el exterior. Esta aceptación nos libera de las cadenas del deseo incesante y la insatisfacción perpetua, permitiéndonos vivir una vida más plena y centrada.

Es en el diálogo silencioso con nosotras mismas, en la introspección sin distracciones, donde yace la clave para no solo soportar la soledad, sino abrazarla como el jardín donde florece nuestro conocimiento y nuestra verdadera fortaleza interior. Como dijo Lady Gaga: "La soledad es el espacio donde encuentro mi verdadero yo". La soledad puede ser una oportunidad para descubrir y desarrollar nuestra identidad y pasiones, sin la influencia de opiniones o expectativas ajenas.

Piensa que en la soledad, no te encuentras atrapada con tus pensamientos; te encuentras liberada con tu verdad. En el silencioso diálogo contigo misma se forja la más fuerte de las fortalezas.

# Ana Frank

Ana Frank, nacida en 1929 en Frankfurt, Alemania, es una figura emblemática de la valentía y la resistencia humana frente a la inhumanidad. La invasión nazi en los Países Bajos obligó a su familia judía a esconderse en 1942, en un anexo secreto en Ámsterdam. Durante dos años, Ana y su familia vivieron en constante temor y aislamiento, confinados en un espacio minúsculo, dependiendo de la ayuda de amigos no judíos. En este claustrofóbico refugio, Ana comenzó a escribir su ahora famoso diario, una ventana a su alma y un testimonio de su creciente madurez y percepción.

A pesar de la opresión y el peligro constante, Ana encontró belleza y esperanza en los rincones más oscuros de su existencia. Su diario revela una perspectiva sorprendentemente positiva y una sabiduría más allá de sus años. Escribió sobre el amor, la naturaleza y la dignidad humana, transformando su soledad forzada en un viaje introspectivo de autodescubrimiento y reflexión. Ana no solo documentó los horrores de la guerra y la persecución, sino que también expresó sus sueños, anhelos y una inquebrantable fe en la bondad humana. Su legado trasciende el tiempo, siendo una voz potente y emotiva que nos recuerda la luz que puede existir incluso en la más profunda oscuridad, y sigue inspirando a generaciones a buscar belleza y significado, incluso en las circunstancias más brutales.

# 14. Reinventarnos Ante El Cambio

Cuando la vida, como un río en constante flujo, nos lleva hacia rumbos desconocidos, enfrentamos un reto garantizado. El cambio, ese compañero implacable en nuestro viaje, nos impulsa a reinventarnos, algo vital en estos tiempos. Como mujeres, navegamos por mares agitados, enfrentando oleadas de expectativas y desafíos únicos. El estoicismo, con su énfasis en la flexibilidad y el fluir sin resistir, nos brinda una estrategia frente al cambio.

Marco Aurelio, como estoico ejemplar, comparaba la vida con una lucha más que con una danza, una metáfora que resuena profundamente con nosotras, acostumbradas a adaptarnos a cambios constantes. Aquí surge nuestra capacidad de reinventarnos. Frente a cambios inesperados – una pérdida laboral, el fin de una relación, un cambio drástico–, la adaptabilidad y flexibilidad son actos de valentía, afirmando nuestra capacidad de florecer en el caos.

Te propongo estas seis claves para reinventarnos:

**1. Reflexión y acepta conscientemente:** Todo cambio comienza con introspección. Reconocer y aceptar los desafíos es el primer paso. Esta aceptación es un reconocimiento de nuestra realidad, crucial para entender nuestras emociones y pensamientos ante la adversidad.

**2. Identifica las oportunidades**: Aceptada nuestra situación, nos preguntamos cómo usarla para crecer. ¿Qué habilidades o intereses hemos ignorado? ¿Qué aspiraciones hemos aplazado? Este paso implica explorar profundamente nuestros deseos y capacidades.

**3. Plantéate Objetivos Claros y Realistas:** Con una comprensión más profunda de nuestros deseos, establecemos objetivos alcanzables, reflejando nuestras verdaderas aspiraciones y capacidades.

**4. Diseña de un Plan de Acción**: Desarrollamos un plan detallado para alcanzar nuestros objetivos, incluyendo acciones específicas, plazos y recursos necesarios. Este proceso nos empodera y proporciona una estructura clara para avanzar.

**5. Actúa, Evalúa y Ajusta:** La reinvención es dinámica. Revisamos regularmente nuestros avances, celebramos victorias y aprendemos de los desafíos. Ser flexibles para ajustar nuestros planes es vital para mantener el rumbo.

**6. Reflexión y Gratitud:** Al final, reflexionamos sobre lo aprendido y logrado, practicando gratitud por nuestra habilidad para adaptarnos y crecer. Este paso consolida nuestro crecimiento personal y nos prepara para futuros desafíos.

Como mujeres, este enfoque nos convierte en agentes activas de nuestro destino, enseñándonos a ver cada cambio no como un obstáculo, sino como una oportunidad para redefinirnos y crecer. Cada paso en nuestra reinvención es un acto de rebeldía contra el miedo, una afirmación de nuestra inquebrantable capacidad de adaptarnos y florecer.

# Madonna

Madonna Louise Ciccone, conocida mundialmente como Madonna, nació el 16 de agosto de 1958 en Bay City, Michigan, Estados Unidos. Desde el inicio de su carrera en la década de 1980, Madonna se ha destacado no solo como cantante y actriz, sino también como una figura icónica en la cultura popular global. Conocida por su increíble habilidad para adaptarse y evolucionar constantemente, Madonna ha reinventado su música y su imagen innumerables veces, manteniéndose relevante en la industria del entretenimiento durante décadas. Su discografía abarca una amplia gama de géneros, y ha sido pionera en fusionar la música pop con diferentes influencias culturales y musicales.

Lo que realmente distingue a Madonna es su inquebrantable disciplina y su enfoque estoico frente al cambio y la adversidad. A lo largo de su carrera, ha enfrentado críticas, controversias y la evolución de la industria musical, pero siempre ha mantenido una firme dedicación a su arte y su visión creativa. Su capacidad para reinventarse, adaptándose a nuevas tendencias sin perder su esencia, ha sido una constante en su carrera. Esta capacidad de transformación no solo refleja su habilidad artística, sino también una filosofía de vida resiliente y adaptativa, alineada con los principios estoicos de aceptación del cambio y persistencia frente a los desafíos.

# 15. Contra La Culpa

¿Qué es la culpa? La culpa, es una reacción a pensamientos o acciones que chocan con nuestras creencias morales. Es como un juez interno que evalúa lo que hacemos. Para enfrentarla al estilo estoico, no se trata de negarla o reprimirla, sino de entenderla y superarla.

Y… ¿para qué sirve? ¿cómo cambiaría ese pasado que la culpa te hace sentir que cargas, tras flagelarte con ella y rumiar en lo que habrías hecho diferente en su momento?

Sé que es una pregunta fuerte, pero la respuesta es sencilla. Los estoicos como Séneca y Marco Aurelio, nos instarían a preguntarnos: ¿Fueron tus acciones realmente equivocadas según tu comprensión racional y moral en ese momento de la situación, o te estás adhiriendo a una norma impuesta que puede no alinearse con tus verdaderos valores actuales? ¿estas comparando tu pasado con la experiencia que ahora tienes del presente? ¿no te parece eso acaso una comparación muy desigual? Esta introspección requiere una honestidad brutal. Exige que te despojes del condicionamiento social, la presión de grupo y los juicios superficiales para llegar al núcleo de tu marco ético personal.

Las cosas se dieron como se dieron, porque en su momento fue lo que consideraste que era lo mejor bajo tus conocimientos y experiencias. Tu pasado no puede cambiarse, y en el momento en que actuaste o hiciste lo que sea que ahora te haga sentir culpable, tuvo una razón de ser: es injusto contigo misma mirar el pasado bajo la luz del presente y el resultado que obtuviste, cuando antes lo desconocías de alguna manera.

Qué fácil es predecir sobre el pasado y decir "lo habría hecho diferente". Pero no fue así, y reprochártelo no cambiará el pasado. Pero, ¿qué podemos hacer ahora?

Primero, debemos sacar la cabeza del pasado (y también del futuro). Nuestro dolor por la culpa es el resultado de aferrarnos a algo que ni siquiera está presente. El pasado y el futuro están ausentes; no sentimos ninguno de los dos. Si te examinas, verás que intentas castigarte por algo que escapa ahora a tu control. Lo único que puedes controlar es tu intención, no el resultado. Por tanto, mientras tu intención sea buena, no tienes por qué sentirte culpable. Si aun así sigues sintiéndote culpable, es casi como si alguna parte de ti disfrutara siendo castigada.

Recuerda que no es ni el pasado ni el futuro lo que te agobia. Es sólo el presente, incluso su efecto puede minimizarse. Por último, si realmente has hecho algo por falta de autocontrol, en estos casos, pregúntate: "¿Qué virtud he descuidado al hacerlo?". Lo más probable es que la virtud que hayas descuidado sea la virtud de la justicia. Tal vez fuiste injusto con alguien. En el futuro, tal vez quieras ser más consciente de ello. Haz todo lo que esté en tu mano para reparar lo que has dejado de hacer o deshacer el daño que hayas podido causar a otros. Es mucho más productivo seguir la virtud que sentirse culpable por no seguirla.

El secreto para vivir una vida sin culpas radica en practicar buscar la virtud en una vida recta, centrada no solo en el bienestar propio sino también en el de los demás. Este proceso, lejos de ser una lista de pasos a seguir, es una meditación continua, un ejercicio de autorreflexión que guía cada pensamiento, palabra y acción.

Todo comienza con la autoconciencia, esa chispa de conocimiento surge cuando me pregunto: "¿Esta acción que estoy a punto de tomar es perjudicial para mí o para alguien más?" Esta pregunta exige una honestidad brutal, una voluntad de mirar más allá de las justificaciones y racionalizaciones superficiales. En este punto, el daño potencial, tanto inmediato como a largo plazo, se evalúa no solo en términos físicos sino también emocionales y espirituales. Es un reconocimiento de que nuestras acciones envían ondas a través del tejido de la existencia, afectando a otros de maneras que a menudo no podemos prever.

¿Qué efectos tendrán mis acciones en el futuro? ¿Cómo influirán en mi carácter, en mi ser esencial? Cuestionarnos así, es una práctica de sabiduría y previsión, un ejercicio de mirar dentro de la complejidad de la vida y discernir el camino correcto.

Pero, no todas las decisiones son fáciles. A menudo, nos encontramos en encrucijadas donde cualquier elección que tomemos puede llevar a algún daño o dolor, a nosotros o alguien más. En estos momentos, la empatía se convierte en nuestra brújula: Me pongo en el lugar de aquellos afectados por mis decisiones, preguntándome cómo me gustaría ser tratado si nuestras posiciones fueran invertidas. Esta no es una tarea fácil; requiere una desidentificación de los deseos y temores egoístas, y un verdadero intento de comprender y sentir el mundo desde la perspectiva del otro.

La comunicación de estas decisiones difíciles es igualmente importante. Las palabras tienen poder; pueden ser bálsamos o venenos. La elección de palabras, su tono, el momento de su entrega, todo debe ser cuidadosamente considerado. ¿Cómo transmito mi mensaje de manera que cause el menor daño posible, que preserve la dignidad y el respeto del otro?

Después de cada decisión o acción, siempre me tomo un momento para meditar. ¿He actuado de acuerdo con mis valores y principios más elevados? ¿Podría haberlo hecho mejor? Estas preguntas no son para autoflagelarte, sino para aprender, para crecer. Son oportunidades para profundizar en tu sabiduría y autocomprensión.

Como dijo Séneca, "Lamentar el tiempo perdido es más tiempo perdido". Usa los errores como oportunidades de crecimiento. Pregúntate: ¿Qué aprendí? ¿Cómo puedo aplicar este conocimiento? ¿Qué puedo hacer para reparar daños causados?

Todo arrepentimiento puede ser un renacer. Asume la responsabilidad y vive con lo que te queda.

El arrepentimiento puede parecer ineludible, pero no debemos quedarnos en él. Elige crear y mejorar.

Finalizo con una reflexión: "Si te caes siete veces, levántate ocho". Este proverbio japonés inspira perseverancia y resiliencia en momentos difíciles. Es seguir adelante, incluso tras fracasos y tropiezos.

A pesar de nuestros mejores esfuerzos, somos humanos, falibles. Habrá veces en que, a pesar de nuestras intenciones, causaremos dolor, cometeremos errores. En estos momentos, la práctica de la autocompasión es vital. Es reconocer que errar es parte de la condición humana y que lo importante es aprender de dichos errores, mejorar constantemente, y seguir adelante con un corazón más sabio y compasivo.

En el gran teatro de la vida, la culpa es un actor que solo aparece si le entregas el guion. Como mujer estoica arquitecta de tu vida y directora de este teatro, rechaza el papel de la culpa y en su lugar, escribe una narrativa de aprendizaje y crecimiento.

# Rosa Parks

Rosa Parks, nacida el 4 de febrero de 1913 en Tuskegee, Alabama, es una figura emblemática en la historia de los derechos civiles en los Estados Unidos. En una era marcada por la segregación racial y la discriminación, Parks se convirtió en un símbolo de resistencia y dignidad humana. El 1 de diciembre de 1955, en Montgomery, Alabama, Parks desafió las leyes segregacionistas cuando se negó a ceder su asiento en un autobús a un pasajero blanco. Esta acción no fue un gesto impulsivo, sino el resultado de una vida de convicciones firmes y un profundo sentido de justicia. Su arresto desencadenó el boicot de autobuses de Montgomery, una de las protestas más grandes y exitosas contra la segregación racial en la historia, que catapultó a Martin Luther King Jr. a la vanguardia del movimiento por los derechos civiles.

La decisión de Rosa Parks de no ceder su asiento fue un acto de coraje extraordinario que desafió las normas sociales de su tiempo. En lugar de sentir culpa o arrepentimiento por las consecuencias de su acción, que incluyeron su arresto y dificultades económicas, Parks permaneció firme en sus principios. Su postura refleja una comprensión estoica de la vida, donde el honor y la integridad interna son más valiosos que la comodidad o la aceptación social. Parks vivió sin arrepentirse de su decisión, sabiendo que había actuado correctamente según sus propios valores. Su historia nos inspira a enfrentar nuestras propias batallas con una resolución inquebrantable, recordándonos que la verdadera fortaleza proviene de mantenerse fiel a uno mismo y a sus convicciones, sin importar los desafíos o las críticas. Rosa Parks nos enseñó que, en el camino de la vida, el arrepentimiento solo tiene lugar cuando permitimos que nuestros miedos superen a nuestras esperanzas, nuestros silencios a nuestras voces.

# 16. Ante La Envidia

¿No te parece curioso cómo nuestras emociones pueden ser tanto nuestra mayor fortaleza como nuestra más grande debilidad? Hablemos ahora de una de las emociones más dañinas: la envidia, y cómo los estoicos nos aconsejan enfrentarla.

La envidia es un reflejo de nuestras inseguridades y deseos insatisfechos. Nos muestra un anhelo por tener o experimentar lo que otros han logrado, a menudo sin reconocer el esfuerzo que hicieron para conseguirlo. Se arraiga en la comparación y en ver a los demás como un reflejo distorsionado de nuestras propias aspiraciones y fracasos.

Los antiguos estoicos hablaban del concepto de "Apatheia". En el estoicismo, la Apatheia se refiere a un estado en el que uno está libre de perturbaciones emocionales o pasiones destructivas. Para ellos, emociones como el miedo, el deseo, la tristeza, el placer excesivo y la envidia eran resultado de juicios erróneos y una comprensión inadecuada de la naturaleza de las cosas. Consideraban las pasiones como perturbaciones irracionales del alma, y la Apatheia como la liberación de estas.

Pero importante es entender que la Apatheia estoica no significa indiferencia o insensibilidad emocional. Se trata de tener una relación saludable y racional con las emociones: entender que, como emociones, no son buenas ni malas, simplemente son; y lo crucial es lo que decidimos hacer con ellas. ¿Las usaremos para lastimarnos o encontraremos una manera de construir algo positivo a partir de ellas?

Reconocer que sentir envidia es natural y no nos hace débiles ni inferiores; es parte de la experiencia humana. La Apatheia nos invita a reconocer esta emoción sin dejarnos arrastrar por ella. Cuando envidiamos logros o felicidad ajena, lo que nos perturba no es el objeto de nuestra envidia, sino nuestra percepción de lo que nos falta.

Tomar distancia y reflexionar nos permite preguntarnos: ¿Qué revela nuestra envidia sobre nuestros deseos, miedos y valores? Al explorar estas emociones con curiosidad y sin juicio, empezamos a entender nuestras verdaderas motivaciones. Quizás lo que envidiamos no es lo que realmente deseamos, sino algo más profundo: seguridad, amor, reconocimiento o realización personal.

Cuando experimentes envidia, identifica qué deseos internos estás anhelando satisfacer. Reflexiona sobre cómo puedes emular las acciones de quienes ya han alcanzado lo que tú deseas. Por ejemplo, si envidias la posición de un colega, observa qué aspectos de su conducta podrías adaptar a tu estilo personal. Si envidias un viaje, considera cómo organizar tus esfuerzos para vivir una experiencia similar. Si es una relación de pareja estable, analiza las cualidades de esa persona para identificar el tipo de relación que deseas.

Es esencial liberarse de los prejuicios y cultivar la gratitud. Pensamientos del tipo '¿Por qué no puedo tener lo mismo?' o juicios hacia otros como 'No lo merecen', especialmente en forma de chismes, son contraproducentes. Practicar la gratitud, siguiendo el principio de que lo agradecido se multiplica, es beneficioso. Agradece por quienes han logrado sus metas y aprende de ellos.

Valora lo que ya posees. Como decía Epicteto, 'El sabio no se lamenta por lo que no tiene, sino que se regocija por lo que posee'. Esta perspectiva puede despojar a la envidia de su nociva influencia. Agradecer lo que tienes, ver oportunidades para aprender y establecer objetivos personales es fundamental.

Respecto a la envidia que otros puedan sentir hacia ti, recuerda que está fuera de tu control y, por lo tanto, no debe preocuparte. Practica la Apatheia o apatía selectiva. Siempre que no causes daño a otros ni a ti misma con tus posesiones, acciones y experiencias, estarás en el camino correcto.

# Hellen Keller

Helen Keller nació el 27 de junio de 1880 en Tuscumbia, Alabama. A la temprana edad de 19 meses, una enfermedad desconocida – posiblemente escarlatina o meningitis – la dejó sorda y ciega, encerrándola en un mundo de silencio y oscuridad. Este inesperado giro del destino parecía condenarla a una vida de aislamiento y dependencia. Sin embargo, lo que siguió fue una historia de extraordinaria valentía y tenacidad. Con la ayuda de su dedicada instructora, Anne Sullivan, Keller aprendió a comunicarse usando el lenguaje de señas y, eventualmente, a leer y escribir en Braille. Su determinación y deseo insaciable de aprender la llevaron a superar barreras aparentemente insuperables.

La vida de Keller es un testimonio del espíritu humano y su capacidad para triunfar sobre adversidades inimaginables. No solo aprendió a hablar, sino que se graduó con honores de la universidad, convirtiéndose en una de las primeras personas sordociegas en obtener un título universitario. Su vida se convirtió en una fuente de inspiración para millones, no solo por sus logros académicos y profesionales, sino también por su incansable trabajo en pro de los derechos de las personas con discapacidad. Keller viajó por el mundo, dando conferencias y compartiendo su historia, mostrando a todos que la verdadera limitación no está en las capacidades físicas, sino en la renuencia a ver más allá de ellas. Su vida desafía cualquier noción de envidia o autocompasión, y en su lugar, irradia gratitud, fortaleza y una inquebrantable fe en el potencial humano. Helen Keller no solo vio un mundo más allá de su oscuridad y silencio, sino que también iluminó el camino para otros, convirtiéndose en un faro de esperanza y posibilidad.

# 17. Ante La Incertidumbre

En la locura que es la vida moderna, llena de incertidumbre y ritmo frenético, las mujeres de hoy, enfrentamos desafíos únicos que a menudo dejan a otros sin saber qué decir o aconsejarnos. La ansiedad que acompaña a las decisiones cotidianas, dilemas profesionales y responsabilidades personales nos empujan a buscar equilibrio y serenidad. Aquí es donde la filosofía estoica, centrada en la fortaleza interior y la aceptación de lo incontrolable, se vuelve invaluable, especialmente a través de una técnica introspectiva conocida como *Praemeditatio Malorum* o, como prefiero llamarla, "Previsión Negativa".

Lejos de ser un ejercicio de pesimismo, esta práctica es una poderosa herramienta de previsión, preparándonos para las incertidumbres de la vida. No se trata de temer al futuro, sino de reconocer la imprevisibilidad de la vida y considerar cómo enfrentaríamos posibles adversidades: visualizar el peor escenario y, dentro de nuestro control, planificar nuestras acciones.

Como mujeres estoicas, sabemos que no son los eventos en sí los que nos impacta, sino nuestra reacción ante ellos. Al anticipar los desenlaces posibles, ganamos comprensión sobre nuestros miedos y desarrollamos estrategias para superarlos. La *Praemeditatio Malorum* es un ejercicio de fortaleza mental y emocional, una preparación para mantener la compostura y claridad incluso en los retos más difíciles.

Epicteto aconsejaba: "No esperes que los eventos sucedan como deseas, sino que acepta cómo ocurren, y fluirás bien con la vida". Esta visión nos anima a concentrarnos en nuestras reacciones y actitudes, más que en intentar controlar lo externo. La Previsión Negativa nos invita a un profundo autoanálisis, haciendo preguntas que nos ayuden a contemplar posibles futuros de manera realista y detallada. Estas preguntas no solo anticipan resultados, sino que también nos hacen conscientes de nuestras capacidades y limitaciones.

Por ejemplo, Séneca comenzaba su día revisando planes y considerando posibles contratiempos, diciendo: "Al sabio no le ocurre nada inesperado... no todo sale como desea, pero sí como había previsto, incluyendo los obstáculos". Este método nos ayuda a analizar futuros posibles y refuerza nuestra capacidad de adaptación y crecimiento. Nos preparamos mental y emocionalmente para los desafíos, recordando que nuestra reacción a los eventos es lo más significativo.

Consideremos, por ejemplo, el envejecimiento y deterioro inevitable de nuestros padres. Frente a preguntas sobre cómo manejaríamos su enfermedad o pérdida, muchas preferirían evitar la conversación. Pero desde una perspectiva estoica, abordamos estos temas con resiliencia y preparación gradual, lo que nos permite enfrentar con serenidad eventos tan inevitables como la pérdida de un ser querido, minimizando el impacto emocional que acompaña a estos momentos de incertidumbre.

Este enfoque también nos motiva a valorar y disfrutar el tiempo con ellos, sin aferrarnos excesivamente.

Adoptemos la idea del *Mememto Mori* (todos vamos a morir), recordando la transitoriedad de todo, y el 'Amor Fati' (amar nuestro destino), aceptando el destino tal como viene.

La *Praemeditatio Malorum* o previsión negativa nos recuerda constantemente que la fortaleza y la resiliencia se forjan a través de la preparación y aceptación. Nos enseña que, anticipando y planificando para el futuro, podemos afrontar la incertidumbre con una mente clara y un espíritu inquebrantable. No es una invitación al fatalismo, sino una poderosa herramienta para vivir con mayor plenitud y sabiduría.

# Corrie ten Boom

Corrie ten Boom, nacida en una familia devota en Haarlem, Países Bajos, en 1892, emergió como una figura emblemática de valor y compasión durante uno de los periodos más oscuros de la historia humana. Su hogar, conocido cariñosamente como "La Casa del Reloj" debido al negocio familiar de relojería, se convirtió en un refugio secreto, un faro de esperanza en medio del tormento del Holocausto. Junto con su familia, Corrie tendió una mano salvadora a innumerables judíos, arriesgando todo en un acto de desafío audaz y humanidad inquebrantable frente a la opresión nazi. Su red de resistencia era un hilo tenue pero firme de humanidad en un mundo desgarrado por el odio y la brutalidad.

Sin embargo, en 1944, la traición llevó a Corrie y su familia a las garras del régimen nazi. Fueron capturados y enviados a campos de concentración, donde enfrentaron horrores inimaginables. En el campo, Corrie se encontró en un abismo de desesperación y sufrimiento, pero incluso en esas profundidades, su fe y su inquebrantable convicción en la bondad humana no vacilaron. En un lugar donde la esperanza parecía perdida, ella se convirtió en un faro de luz, compartiendo palabras de consuelo y manteniendo viva la llama de la esperanza. Su resistencia mental y emocional, nacida de una profunda fe y un compromiso con sus valores, fue una manifestación viviente del estoicismo en acción.

Tras sobrevivir al infierno en la Tierra y perder a seres queridos, incluyendo a su amada hermana Betsie, Corrie ten Boom emergió no con amargura, sino con un mensaje de perdón y reconciliación. Recorrió el mundo, compartiendo su historia, no solo como un testimonio de los horrores de la guerra, sino como un poderoso recordatorio de la capacidad humana para superar la adversidad con gracia y fortaleza. Su vida, un mosaico de valentía, fe y perdón, sigue siendo una fuente de inspiración inagotable, un recordatorio conmovedor de que, incluso en la oscuridad más profunda, la luz de la humanidad puede brillar.

# 18. Ante La Traición

Siguiendo por este recorrido de situaciones de la vida que, como mujeres, sin duda habremos de experimentar, nos encontramos con la traición: un acto que suele sacudir los cimientos de nuestra confianza y alterar profundamente nuestra percepción del mundo y de las personas que nos rodean. ¿Cómo afrontar la traición sin que esta nos consuma?

Reflexionemos sobre una frase de Epicteto que dice: "Si alguien consigue provocarte, date cuenta de que tu mente es cómplice de la provocación". Esta poderosa afirmación nos invita a mirar dentro de nosotras mismas y a reconocer que tenemos el control sobre cómo reaccionamos ante las acciones de los demás.

La traición es un golpe a la confianza que depositamos en los demás y, a menudo, nos lleva a cuestionar nuestra propia capacidad para apreciar a las personas. Afrontar la traición requiere de una fortaleza emocional y mental que, muchas veces, no sabemos que poseemos hasta que nos vemos en la necesidad de utilizarla. Es un proceso que implica aceptar la realidad de lo sucedido, sin permitir que el rencor o el deseo de venganza nos dominen. Al liberarnos de estos sentimientos negativos, no solo estamos cuidando nuestra salud emocional, sino que también estamos tomando una posición de poder sobre la situación.

Un posible ejercicio para lidiar con el resentimiento por la traición es practicar el perdón.

Sé que ante una traición, lo que menos podemos considerar es perdonar a quien ha violentado nuestra confianza, pero continua conmigo en lo que tengo que decirte: perdonar no significa olvidar o justificar la traición, sino más bien liberarnos de la carga del odio o del resentimiento. El perdón es un regalo que nos hacemos a nosotras mismas, un paso hacia la sanación emocional. Esto no implica que debamos mantener a la persona que nos traicionó en nuestra vida, pero sí que no permitimos que su acción siga afectándonos.

Así entonces, el perdón no es un signo de debilidad, sino de fortaleza y sabiduría. No significa que condones u olvides el mal que te han hecho, sino que te liberas de las emociones negativas que te atenazan. Veamos cómo podemos integrar esta práctica, basándonos en principios estoicos y adaptándolos a nuestras experiencias contemporáneas:

El primer paso hacia el perdón es reconocer y aceptar el dolor y la ira que sentimos. Es absolutamente fundamental darnos permiso para sentir estas emociones sin juzgarnos. Puedes escribir tus sentimientos en un papel o compartirlos con alguien de confianza. Esta expresión honesta es un acto de valentía y el inicio del proceso de curación: hay que dejar salir la frustración, pero de una manera en la que tengamos control de nosotros mismos y no afectemos a nadie.

Luego, tal vez tras unos días, Intenta ver la situación desde otra perspectiva. Pregúntate, ¿qué pudo haber llevado a esa persona a actuar así? Muchas veces estas preguntas no tienen una respuesta satisfactoria, si lo tuvieran, el sentimiento de traición no sería tan fuerte; aunque comprender las posibles motivaciones de los demás no justifica sus acciones, nos ayuda a verlos como seres humanos falibles, al igual que nosotras. Esta comprensión puede ser un poderoso antídoto contra el resentimiento.

El paso siguiente consiste en elegir activamente liberarte del resentimiento y el deseo de venganza. Reconoce que aferrarte a estas emociones negativas solo te perjudica a ti misma. Marco Aurelio nos aconseja: "La mejor venganza es no ser como aquel que ha causado el daño".

En este punto, si lo deseas, expresa tu perdón, ya sea en voz alta, por escrito, o en tu interior. Solo hazlo de manera simbólica, no tienes que decirle ni hacerle saber a quién te traicionó que lo perdonas. Este perdón es para ti misma: una forma de liberarte de la carga emocional y cerrar ese capítulo doloroso.

Deja que el tiempo haga lo suyo y eventualmente considera la reconciliación, entendiendo que esto no implica una restauración de la relación anterior, sino la creación de una nueva dinámica basada en el respeto y la honestidad. Si no es posible o no deseas una reconciliación, está bien. Puedes desearle bien a esa persona a distancia y continuar adelante con tu vida.

Como lo dije anteriormente, todos somos humanos, débiles, egocéntricos y todos velamos por nuestros propios intereses, al punto de equivocarnos y terminar lastimando y hasta traicionando a quienes amamos o tenemos cerca. Es una cruda verdad, pero: ESTO ES LO QUE HAY, y mientras más pronto aceptemos esta verdad y fluyamos con ella, más fácil nos moveremos por las decepciones que hacen parte del proceso de crecer en la vida. Siempre que estés a punto de encontrar una falta en alguien, hazte la siguiente pregunta: ¿Qué falta mía se parece más a la que estoy a punto de criticar? Esto puede ayudarte a cultivar la empatía y la comprensión hacia aquel que te ha traicionado.

Procuremos siempre tratarnos a nosotras mismas con amabilidad y compasión, incluso aunque nos hayan hecho daño.

# Taylor Swift

Taylor Swift se ha convertido en un símbolo contemporáneo de resiliencia y fortaleza estoica ante la adversidad. Nacida el 13 de diciembre de 1989, emergió en el mundo de la música como una cantautora destacada, conquistando al público con su capacidad para transformar vivencias personales en letras conmovedoras. No obstante, su trayectoria no ha estado exenta de obstáculos. En un revés sorprendente para su carrera, Swift sufrió la traición cuando su catálogo musical fue vendido sin su consentimiento, una maniobra que amenazaba con arrebatarle el control sobre sus propias creaciones. Este acontecimiento representó una prueba significativa tanto para su integridad como para su perseverancia artística.

Ante esta injusticia, Swift optó por una respuesta creativa y audaz: regrabar y relanzar sus álbumes anteriores. Este acto, lejos de ser una mera reacción, se convirtió en una declaración de independencia y autoafirmación como artista. A través de este desafío, no solo logró recuperar su obra, sino que también redefinió los paradigmas de la industria musical. Su firmeza en mantenerse leal a sus principios y su incansable lucha por la equidad son reflejo de una solidez interna y un compromiso inquebrantable con su arte.

La evolución de Taylor Swift es una narrativa de superación y éxito. En 2023, su nombramiento como Mujer del Año no solo reconoció su excelencia artística, sino también su carácter inalterable. Frente a las pruebas más duras, Swift demostró no solo dignidad y elegancia, sino una capacidad extraordinaria para sobreponerse y prosperar. Su historia es un estandarte de inspiración, evidenciando que incluso en las circunstancias más difíciles y traicioneras, se puede alcanzar la cima mediante la constancia, la disciplina y una visión determinada. Taylor Swift no solo ha reclamado su legado musical, sino que también ha reescrito su narrativa, erigiéndose como un ícono de empoderamiento y tenacidad.

# 19. Ante Las Adicciones, Vicios Y Gratificación Instantánea

La era actual, marcada por la gratificación instantánea, está inundada por un mar de consumismo y una constante ocupación sin descanso. Abundan vicios y adicciones que nos ofrecen un falso sentido de calma y pertenencia. Todo, desde el entretenimiento y la conexión social, hasta el escape de nuestros miedos internos, está a un clic de distancia, a una pastilla, a un mensaje de WhatsApp...

Esta cultura de lo inmediato ha creado un paradigma donde la paciencia y la espera parecen obsoletas. La incapacidad para tolerar la soledad y el silencio se ha vuelto un rasgo distintivo de nuestro tiempo. Rodeadas constantemente de estímulos, muchas nos hemos desconectado de la importancia de la reflexión interna y el crecimiento personal. Ahora, hasta estar constantemente ocupadas, por no decir "trabajando", se ha convertido en un valor, a menudo en detrimento de la profundidad y la significación.

La omnipresencia de la gratificación inmediata ha alimentado múltiples adicciones y distorsionado nuestra comprensión de lo que significa ser humano. Adicciones como la dependencia de las redes sociales, la tecnología, el consumismo desenfrenado y el deseo constante de novedad han creado un vacío que intentamos llenar con más de lo mismo, perpetuando un ciclo de insatisfacción.

En este contexto, se ha perdido la apreciación por las recompensas a largo plazo y la capacidad de autorreflexión, el silencio y el descanso en soledad, ahora sustituidos por una necesidad enfermiza de estar siempre rodeadas de gente y bajo la sombra del alcohol, el sexo, las drogas, la comparación, el gasto o la comida.

Y es justo por esa naturaleza "social" de estas adiciones -que seguramente no calificamos como tal, puesto que lo más difícil para un adicto es reconocer que lo es-, en donde "lo hacemos porque todos lo hacen o se espera de nosotras", el desarrollo de habilidades, la construcción de relaciones verdaderamente significativas se han convertido en caminos menos transitados, eclipsados por la promesa de satisfacción inmediata.

Séneca, en sus cartas morales, decía: "Debemos renunciar a muchas cosas a las que somos adictos, considerándolas buenas. De lo contrario, se desvanecerá el valor, que debe ponerse a prueba continuamente. Se perderá la grandeza de alma, que no puede destacar si no desdeña como mezquino lo que la plebe considera más deseable."

El primer paso para enfrentar cualquier adicción es reconocerla. Solo cuando dejamos de engañarnos a nosotras mismas con frases como "no es nada", "una vez más", "es que todos lo hacen", podemos reconocer las cadenas de nuestras dependencias. Es una introspección seria, pero con un resultado invaluable: reconocer que toda dependencia es una forma de esclavitud.

Con la claridad de la autoconciencia, surge la necesidad de trazar un mapa hacia un destino más equilibrado, con objetivos claros y alcanzables. Es un camino de pequeños pasos, donde cada uno es una victoria en sí misma: El objetivo es la virtud, todo vicio es una desviación.

En este viaje, la disciplina y la contención se convierten en compañeras fieles. La disciplina no es una serie de restricciones, sino un compromiso contigo misma, una promesa de respetar nuestros límites. La contención es nuestra armadura contra la tentación, aumentando la tolerancia a la frustración y el autocontrol.

Cuando te enfrentes a una situación impulsiva, aplica la regla de esperar cinco minutos antes de actuar. Durante ese tiempo, reflexiona: "¿Realmente necesito esto?", "¿Cómo me sentiré después?", "¿Está alineado esto con mis objetivos a largo plazo?". Estos cinco minutos te darán un espacio crucial para tomar una decisión más consciente.

Recuerda que es un proceso con días buenos y difíciles, pero lo importante es ser constante y no ser demasiado dura contigo misma si a veces no sale como esperabas.

No estamos solas en este camino. El apoyo de amigos, familiares o grupos nos brinda un refugio y fortalece nuestra responsabilidad y motivación. Cada pequeño paso hacia adelante, cada día que elegimos la disciplina sobre la indulgencia, es un motivo de celebración.

Finalmente, considera la filosofía de "solo por hoy" de Alcohólicos Anónimos. Solo por hoy, puedes decidir no ceder ante un viejo hábito. La vida se compone de momentos presentes consecutivos, y el cambio verdadero y sostenible se construye en estos instantes. A través de este enfoque, día tras día, se forma un mosaico de decisiones conscientes y acciones positivas, creando un patrón de vida más saludable y enriquecedor. Pospón esa mala decisión, solo por hoy.

# Tina Turner

Tina Turner, una figura emblemática en el mundo de la música, es el epítome de la resiliencia y la fortaleza estoica. Nacida en 1939 en Tennessee, Tina, cuyo nombre real es Anna Mae Bullock, se elevó desde un origen humilde para convertirse en la "Reina del Rock 'n' Roll". Su vida, sin embargo, fue una montaña rusa de altibajos emocionales y desafíos abrumadores. Casada con Ike Turner, Tina vivió una existencia marcada por el abuso extremo y la violencia doméstica. En un acto de valentía sin precedentes, desafiando las normas sociales y los riesgos para su carrera, Tina dejó a Ike en 1976. Esta decisión no solo requirió una inmensa fortaleza física y emocional, sino que también marcó el inicio de su lucha por la independencia y el autodescubrimiento.

La historia de Tina Turner es una narrativa de transformación y triunfo. Tras su separación, enfrentó una batalla cuesta arriba para reconstruir su vida y su carrera. Con una fuerza interior que desafía la comprensión, Tina se reinventó a sí misma, lanzando éxitos monumentales como "Private Dancer" y "What's Love Got to Do with It". Su regreso no fue solo un renacimiento profesional, sino una declaración poderosa de su capacidad para superar la adversidad. Tina no solo superó el abuso y el trauma, sino que también emergió como un símbolo de empoderamiento y esperanza. Su viaje, marcado por una dignidad y determinación inquebrantables, es una inspiración viva de la filosofía estoica en acción. A través de su música, su historia y su vida, Tina Turner no solo capturó el corazón del mundo, sino que también se convirtió en ejemplo para aquellos que luchan contra sus propias batallas, demostrando que el poder de la voluntad humana puede triunfar sobre todo tipo de circunstancias.

# 20. Sobre El Paso Del Tiempo Y La Brevedad De La Vida

"No es que tengamos poco tiempo, sino que perdemos mucho. La vida es lo suficientemente larga y nos ha sido dada en suficiente medida para realizar los más grandes logros si la empleamos bien; pero cuando se malgasta en el lujo y la negligencia, sentimos finalmente que se nos ha escapado." —Séneca

Muchas personas adhieren a la creencia de que la vida eterna sería el regalo supremo, un escape definitivo de las garras del tiempo. Sin embargo, esta perspectiva es una ilusión que niega una verdad esencial: la naturaleza efímera de la existencia es lo que le otorga su valor más profundo. La aceptación estoica del paso del tiempo, el envejecimiento y la brevedad de la vida es una puerta hacia la sabiduría, no un motivo de lamento.

Para los estoicos, el tiempo es un río en constante flujo; no podemos bañarnos en el mismo río dos veces. En cada momento, el tiempo se nos escapa, como granos de arena deslizándose entre los dedos. La juventud da paso a la madurez, y la madurez al declive, en un ciclo tan natural como las estaciones. Los estoicos, lejos de resistir este flujo, lo abrazan con un profundo sentido de aceptación y ecuanimidad.

En nuestra cultura moderna, obsesionada con la juventud y el miedo al envejecimiento, la vejez se ve como una enfermedad a evitar a toda costa. Sin embargo, la perspectiva estoica nos enseña que luchar contra el tiempo es como luchar contra la gravedad: una batalla perdida de antemano.

Envejecer es un privilegio, no una maldición. Cada arruga, cada cana, cada mancha en la piel es un testimonio de experiencias vividas, de lecciones aprendidas, de amores y pérdidas. En lugar de lamentarnos por el tiempo que se ha ido, debemos agradecer por el tiempo que hemos tenido.

Afrontar la brevedad de la vida no es un llamado a la desesperación, sino a la acción. Sabiendo que nuestro tiempo es limitado, podemos decidirnos a vivir con propósito, actuar con virtud y apreciar cada momento como si fuera el último. En lugar de postergar sueños y posponer alegrías para un futuro incierto, podemos optar por vivir plenamente aquí y ahora. Esta es la verdadera libertad estoica: liberarse de las preocupaciones sobre un futuro incontrolable y un pasado inmutable, y vivir en el presente con totalidad y sinceridad.

Contemplar nuestra mortalidad es un ejercicio estoico, no como una tarea morbosa, sino como una práctica para apreciar la vida. Como dijo Marco Aurelio: "Piensa que estás muerto. Ya has vivido tu vida. Ahora aprovecha lo que te queda y vívela como deberías". Vive plenamente el presente, utilizando experiencias pasadas como lecciones.

Los estoicos manejaban un concepto conocido como *Memento Mori*, que se traduce como "recuerda que vas a morir". Este, no es un recordatorio sombrío, sino un poderoso llamado a la vida. Nos enseña a abrazar cada día con gratitud y vivir cada momento con plenitud, sabiendo que cada segundo es un regalo irrepetible. ¿Qué importancia tienen las preocupaciones mundanas frente a la inmensidad de la muerte? Este pensamiento nos centra en lo que realmente importa: nuestras relaciones, nuestros valores, nuestro carácter.

La aceptación estoica del paso del tiempo nos invita a dejar de aferrarnos a una versión idealizada de nosotras mismas, permitiéndonos abrazar cada etapa de nuestra vida, aprendiendo y adaptándonos. Así, la vejez, lejos de ser un periodo de declive, puede ser una época de gran sabiduría y serenidad, si se ha vivido una vida plena y consciente.

Por tanto, el desafío estoico no es cómo detener el tiempo, sino cómo utilizarlo sabiamente. Cómo hacer que cada momento cuente, cómo vivir con dignidad y propósito en cada etapa de nuestra existencia. La brevedad de la vida no es una tragedia, sino una llamada a vivir con mayor intensidad, autenticidad y gratitud.

# Angela Merkel

Angela Merkel, nacida en 1954 en Hamburgo, Alemania, es una figura política de renombre que ha dejado una huella indeleble en la política mundial. Formada inicialmente como física, Merkel entró en el ámbito político en la década de 1980, ascendiendo a través de las filas de la Unión Demócrata Cristiana (CDU) en un momento en que Alemania y Europa experimentaban cambios significativos. Su ascenso al poder estuvo marcado por un pragmatismo y una determinación que más tarde definirían su liderazgo. En 2005, Merkel rompió barreras al convertirse en la primera mujer Canciller de Alemania, un papel que mantendría por cuatro términos consecutivos hasta 2021.

Durante su mandato como Canciller, Merkel demostró una habilidad excepcional para la gobernanza en tiempos de crisis. Enfrentó desafíos monumentales, desde la crisis financiera global hasta la crisis de refugiados de Europa y la pandemia del COVID-19. Su enfoque de liderazgo, caracterizado por la calma, la racionalidad y una notable falta de dramatismo, fue clave en la gestión de estas crisis. Merkel mostró una comprensión estoica de su papel en la historia, enfocándose en soluciones prácticas y colaborativas en lugar de dejarse llevar por emociones o ideologías divisivas. Su capacidad para mantener la estabilidad y la cohesión, tanto en Alemania como en la Unión Europea, destacó su compromiso con el bien común, una cualidad central del estoicismo.

Más allá de los desafíos políticos, la figura de Merkel representa un modelo de resistencia y adaptabilidad estoica. En un mundo político dominado por figuras masculinas, su perseverancia y éxito rompieron moldes y establecieron nuevos estándares para el liderazgo femenino. A través de su carrera, Merkel encarnó las virtudes estoicas de sabiduría, justicia, coraje y moderación. Su legado no solo se define por los acontecimientos que gestionó, sino también por cómo los gestionó: con una firmeza y una dignidad que permanecieron constantes, independientemente de los desafíos o del paso del tiempo. Angela Merkel, en múltiples niveles, se erige como un símbolo de un liderazgo estoico, demostrando que la fuerza de carácter y la dedicación al servicio público pueden dejar una marca duradera en la historia.

# Una Herramienta: La Previsión Negativa

Anteriormente habíamos mencionado La Previsión Negativa como ejercicio que nos permite apreciar y prepararnos para escenarios difíciles antes de que ocurran y con ello, fortalecernos frente a posibles adversidades. En este apartado, y ya Ad Portas de terminar este libro, me gustaría ahondar en su práctica asumiendo un enfoque más detallado:

## Pasos Para Practicar la Previsión Negativa en tu Vida

Primero que todo, te sugiero que tomes papel y lápiz. Esta sencilla acción te ayudará a materializar y estructurar tus pensamientos de manera más efectiva. Al analizar un evento futuro que aún está fuera de tu control, lo que anotes actuará como una guía valiosa. Estas notas podrán servirte como un protocolo básico para enfrentar tal situación, en caso de que se presente en realidad.

**1. Identifica tus Temores:** Comienza por reconocer aquello que te genera preocupación o lo que valoras inmensamente en tu vida. Lístalo en detalle.

**2. Visualiza el Peor Escenario:** Imagina en detalle qué sucedería si perdieras eso que tanto valoras o si enfrentaras la peor situación posible.

**3. Reflexiona y Prepárate:** Piensa en cómo manejarías esa situación. Elabora estrategias que te permitan adaptarte y recuperarte. Si hoy, en este preciso instante pasarás por dicha desgracia, ¿qué podrías hacer y qué recursos te permitirían hacerle frente? En notas, esto se convertirá en ese protocolo de acción que te mencionaba. Busca detalle y profundiza tanto como sea posible, pero haz a un lado todo juicio o temor: estas jugando con tu imaginación, previniendo.

**4. Aprecia el Presente:** Utiliza esta experiencia para cultivar la gratitud ,el aquí y ahora. Valora lo que tienes hoy, y mantente consciente de qué podría cambiar o desaparecer.

Considera, por ejemplo, a tu amada mascota. Es una realidad ineludible que, en algún momento, tendrá que partir, posiblemente antes que tú. Ahora ella está contigo, llenando tus días de felicidad y cariño. Ante la posibilidad de que se enferme o se acerque el momento de decir adiós, reflexiona sobre cómo actuarías. Evitar el tema con un 'No hablemos de eso...' no es la solución. Al enfrentar esta eventualidad ahora y planificar cómo manejarla, podrás desarrollar una estrategia para ese futuro, aunque distante, hecho inevitable. Esta anticipación te permite estar mejor preparada emocional y prácticamente para cuando llegue ese momento.

## ¡Atención - No se trata de ser pesimista ni negativo con todo!

El propósito de esta técnica no es vivir en un estado de miedo o pesimismo, sino utilizar estos pensamientos como una herramienta de preparación mental. Al ser conscientes de la impermanencia, aprendemos a valorar cada momento y a reducir la ansiedad frente a lo desconocido. Además, tener un plan para enfrentar posibles adversidades fortalece nuestra capacidad para lidiar con desafíos reales si llegaran a presentarse.

Las siguientes, son ideas para reflexionar utilizando esta herramienta mental:

**1. En el Trabajo:** ¿Has considerado qué desafíos podrían presentarse en tu camino profesional? Piensa en cómo cada obstáculo podría ser una oportunidad para desarrollar un plan de acción. ¿Qué habilidades necesitas fortalecer? ¿Cómo podrías adaptarte a cambios inesperados en tu entorno laboral? Visualizar estos escenarios te prepara para actuar con confianza y determinación.

**2. En Relaciones:** ¿Qué situaciones difíciles podrías enfrentar en tus relaciones personales? Imagina cómo manejarías malentendidos, distanciamientos o incluso la pérdida de una relación importante. ¿Cómo podrías comunicarte y actuar para preservar el equilibrio y la salud de tus vínculos afectivos? Reflexionar sobre esto te ayuda a crear un enfoque más consciente y empático en tus interacciones.

**3. En la Salud:** ¿Qué retos podrías encontrar en tu bienestar físico y mental? Considera cómo pequeñas acciones diarias pueden contribuir a un estilo de vida más saludable. ¿Qué cambios podrías implementar para prevenir o enfrentar posibles problemas de salud? Esta reflexión es un impulso para cuidarte mejor y valorar tu salud.

**4. En la Vida Personal**: ¿Cómo reaccionarías ante cambios significativos o pérdidas en tu vida personal? Imaginar cómo enfrentarías la partida de un ser querido o un cambio radical en tu vida te ayuda a construir resiliencia. ¿Qué recursos internos podrías movilizar en momentos de crisis? Estas reflexiones te preparan para manejar las situaciones difíciles con mayor fortaleza y serenidad.

Adoptar una actitud proactiva, en lugar de reactiva, te permite construir sobre la hipótesis del peor escenario y, a su vez, fortalece tu capacidad para enfrentar la vida con una serenidad estoica. Al anticipar y prepararte para posibles adversidades, no solo mitigas el impacto de los reveses imprevistos, sino que también te empoderas para apreciar y valorar cada momento presente. Así, la previsión negativa se convierte en una herramienta vital para navegar por las incertidumbres de la vida con gracia y resiliencia, recordándonos siempre que, aunque no podemos controlar todo lo que nos sucede, sí podemos controlar cómo nos preparamos y respondemos ante ello.

# Un Cierre: La 'Oración de la Serenidad'

Quisiera finalizar con otra herramienta que desde pequeña, ha resultado ser un poderoso mantra para recordar mantener la calma ante cualquier imprevisto: La llamada Oración de la Serenidad.

Esta oración, es el conocido comienzo de una plegaria atribuida al teólogo, filósofo y escritor estadounidense de origen alemán Reinhold Niebuhr y cuya versión más popular dice así:

*"Dios, concédeme serenidad para aceptar todo aquello que no puedo cambiar,*

*valor para cambiar lo que soy capaz de cambiar*

*y sabiduría para entender la diferencia."*

Dentro del marco estoico, esta oración se alinea perfectamente con la aceptación y práctica consciente de la dicotomía del control. Invocar una entidad o concepto en el que creas a nivel espiritual - sea el Universo, tu propia esencia, el recuerdo de tus antepasados, la naturaleza, la energía vital, tu subconsciente, o el YO SOY que te conecta con el todo - es un acto de introspección y conexión espiritual. Al pedir serenidad, valor y sabiduría, buscas fortalecer esas cualidades dentro de ti, para enfrentar con equilibrio, coraje y entendimiento los desafíos de la vida.

Cuando enfrentemos cualquier situación que se nos sale de las manos, en lugar de dejarnos llevar por la ira o la defensa, podemos recitar esta oración en voz alta o mentalmente como un recordatorio para aceptar cualquier elemento fuera de nuestro control y enfocarnos en lo que podemos hacer. Eso, palabras más, palabras menos, es la mayor lección que podemos llevarnos de esta filosofía estoica, más aún cuando de nosotras, mujeres, se trata.

Habiendo finalizado esta travesía en este mar de ideas, me llega el momento de despedirme, con el deseo de que volvamos a encontrarnos.

Con aprecio y gratitud hacia ti, por haber leído estas palabras,

**Atalian Estoica**

**www.EstoicismoYa.com**

¡Hasta la próxima!

www.ingramcontent.com/pod-product-compliance
Lightning Source LLC
LaVergne TN
LVHW051245080426
835513LV00016B/1750